个性化学习与课程思政的理论协同和实践创新

谷照亮　著

中国文史出版社
CHINA CULTURAL AND HISTORICAL PRESS

图书在版编目（CIP）数据

个性化学习与课程思政的理论协同和实践创新 / 谷照亮著．—北京：中国文史出版社，2022.3

ISBN 978-7-5205-3407-9

Ⅰ．①个…　Ⅱ．①谷…　Ⅲ．①高等学校－思想政治教育－教学研究－中国　Ⅳ．① G641

中国版本图书馆 CIP 数据核字（2022）第 043216 号

责任编辑：戴小璇

出版发行：中国文史出版社

社　　址：北京市海淀区西八里庄路 69 号院　邮编：100142

电　　话：010-81136606　81136602　81136603（发行部）

传　　真：010-81136655

印　　装：廊坊市海涛印刷有限公司

经　　销：全国新华书店

开　　本：787mm × 1092mm　1/16

印　　张：14.25

字　　数：197 千字

版　　次：2022 年 3 月北京第 1 版

印　　次：2022 年 3 月第 1 次印刷

定　　价：48.00 元

目录

本次研究关注的重点是在个性化学习理论与课程思政理念协同下改革传统德育教育的实践。因而颇具牛顿“如果说我比别人看得要远一点，那是因为我站在巨人的肩上”之语的意思。具体解释，可以知悉：站在巨人的肩上，肯定能让自己比平时看得更远一些，更何况本次的研究是继承基础上的创新呢？所以我们要“拾级而上”。

2 第二章 追根溯源夯基础 053

为了实现个性化学习与课程思政的理论协同与实践创新，我们还需要对个性化学习理论与课程思政理念的实施历程进行详细的梳理，以期实现夯实探讨两者协同的实践基础的研究目的。

3 第三章 基于实践求本质 093

个性化学习、课程思政实践、理论协同、实践创新都是一种教学现象。如果我们能够透过这些教学现象，发现它们的本质所在，那么对于我们探讨个性化学习与课程思政的理论协同与实践创新的相关问题无疑是最重要的理论研究。

4

第四章 资源转化构前提

个性化学习与课程思政的理论协同指导的课程思路实践创新是从思想政治教育资源的转化开始的。没有可以匹配的思想政治教育资源供专业课老师选择，那么专业课的教学很可能还会再次落入传统教学的窠臼；如果没有专业课教学资源的课程思政化转化，那么我们所倡导的课程思政实践又很有可能会与我们的预期相差甚远。

5

第五章 经验借鉴拓途径

课程思政实践的诞生与发展都在表明一个这样的事实，即思想政治教育是在经验的借鉴与拓展教学途径的过程中实现的。

个性化学习与课程思政的协同创新是要在具体而又持续的教学过程中来实现的。因而，对这一过程的评价与反馈直接影响到这一教学改革实践的完善。

绪　论

“立德树人”是高校人才培养的根本任务。特别是在大学生培养实践中，如何才能把思想政治教育贯穿于教育教学的全过程，圆满实现“三全育人”的目的，这是每一学科教师都必须思考的话题。思想政治理论课是立德树人的主阵地、主渠道和主课程，个性化学习又是所有大学生教育中着力培养的学习品质，进而做到“因材施教”。这样，在个性化学习与课程思政的协同中，才能较好实现“课程育人”的目的。

“课程育人”是一个复杂而又科学的教育教学实践。它需要在个性化学习与课程思政理论的协同指导下完成。理论的协同意味着实践的创新，实践的创新又反促教育教学理论的协同。基于这样的理念，就有了本次以“个性化学习与课程思政的理论协同和实践创新”为题的撰写起因。

为了把本次的撰写起因说清楚，下面从三个方面谈一谈这次的写作缘起、写作思路与写作目的。

一、反思中的缘起

任何一次的写作都是有缘由的。本次探讨“个性化学习与课程思政理论协同和实践创新”的相关主题也不例外。

若没有对自己已掌握理论的反思，若没有对自己从事课程思政实践的反思，若没有自己在课程思政实践中运用各种教育教学理论解决实践问题的反思，若没有自己尝试构建个性化学习视域下课程思政理论体系构建的尝试，也就不可能有后续的写作了。一句话，不只是要反思理论，更要反思实践。

（一）理论反思中的感悟

在理论的层面上，我们反思的重点集中于三个方面：一是理论自身，二是理论应用，三是德育教学理论体系的建构。

高校思政课程教育教学的理论颇多，这是一个不争的事实。在这众多的理论之中，课程思政仅是其中之一。相关的教育教学理论，有的涉及对“立德树人”方法与途径的探讨，有的侧重于对课程思政教学设计的具体研究，还有的涉及对课程思政教育教学效果的评价。前者如上海师范大学戚静题为《高校课程思政协同创新研究》的博士论文。这篇毕业论文虽 2020 年才出现在知网上，可截止到 2020 年 12 月初就已达 4150 次的惊人下载量。陈华栋等编撰的《课程思政：从理念到实践》也是网络上的畅销书。不断缺货的现实告诉我们，课程思政已成为高校德育教学改革的热点话题。后者如王英龙、曹茂永等主编的《课程思政：我们这样设计》（全二册）以及《国内高校“课程思政”研究现状及对策分析》《体育课程思政的内容、特点、难点与价值引领》期刊论文等。在此虽不能穷尽所有的相关研究文献，但如上的简单列举却足以证明某一个理论的发展都是在一线教师不断的反思中完成的。

理论的应用也是理论反思的必然对象。反思理论应用的实践，可以发现这样一个现实：若要使某一理论的价值在教育教学实践中实现最大化，那么理论性的协同就是一个最优的选择，课程思政就是典型的案例。

“课程思政”的内涵，我们可以运用如下的图示解说：

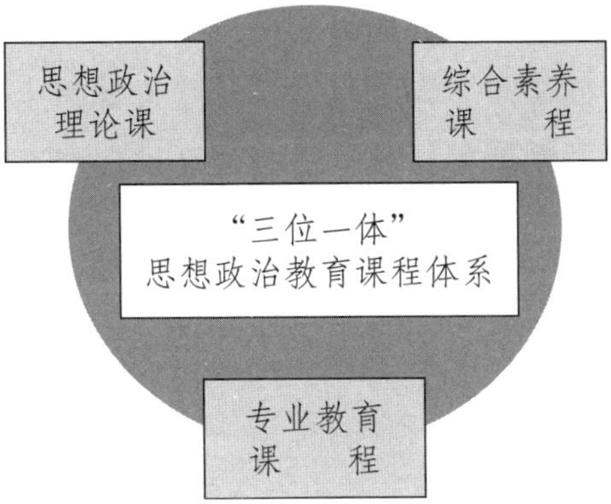

依据如上图示，我们可以直观地获取这样的信息：课程思政实践需要在相关理论的协同指导下才能完成。因为，专业的思政教育有其独特的专业性方法。它可以为其他学科中的德育教育提供借鉴和参考。因此，其他学科的教师若将此专业的德育方法整合到自己的教学实践中，这才是我们提倡的课程思政理念。

教学内容是教师立德树人的媒介。不同学科的教学内容不同，这就意味着在不同学科中进行德育教育，其方法也是迥异的。思想政治理论课的内容不同于素养提升课程的教学内容；素养提升课程的内容又有别于大学生专业课所学的内容。教学内容上的差别不只体现在人文社科与理工科之间这样宏观的区别上，也体现在更为细微处的殊异里。因而，即使是同为人文学科的内容，在古代文学史与语言学史的教学中，老师们用以立德树人的媒介也会有所不同。据此反推之，不同教学媒介需要有不同的理论指导。这就决定了课程思政的实践最终必然走向理论协同。这也就等于从另一个层面上告诉我们，任何一种教育教学理论都有其自身的局限性。为了突破理论的局限性，我们必须本着理论互补的理念去思考如何综合性运用各种教育教学理论，完善我们立德树人实践的问题。

理论协同的实质是教育教学理论间彼此互补，理论间的互补性运用表现为一种新理论体系的构建。对于课程思政而言更是如此。课程思政的实践是在多学科内容协同前提下完成的立德树人的实践。因而，这种协同的本身就是一种新理论体系的构建。从某种程度上讲，课程思政涉及的是多学科教学实践里的德育教学。因而，这种教学媒介或者说教学内容整合后的德育教育实践，需要构建一个与传统思政教育完全不同的理论体系，从而才能满足不同学科教学从事立德树人实践的需要。从而就有了《从思政课程到课程思政：从战略高度构建高校思想政治教育课程体系》这样的研究。从思政课程到课程思政，看似一个语序上的简单调整，实则是课程体系构建实践影响下的理论构建。因为这其中涉及指导课程思政的理论选择、课程思政实现的途径与方式的设计，以及课程思政的评价体系重构等诸多内容的总结、归纳。因而，它是一种体系化的构建性尝试。

（二）实践反思中的激发

在实践的层面上，我们的反思也促使我们探讨“个性化学习与课程思政理论协同与实践创新”的话题。实践反思的对象有两个：一是自己从事思政教育的实践；二是反思他人的思政实践。

反思自己的思政实践，我发现两个可以促使我继续研究“个性化学习与课程思政理论协同和实践创新”的理由：一是个性化学习是大学生学习的主要特点。二是课程思政中的理论协同是我们传统立德树人体系改革的基础。

个性化学习是所有大学生教育的特点。这里的“所有”一词包括各专业的大学生教育和各个层次上的大学生教育，硕士研究生与博士研究生教育都纳入其中。大学生教育与中小学生教育完全不同，其专业性极强。面对这极强的专业性学习，不同专业的大学生需要有不同的学习方法。同样是探讨“语境干涉”的问题，同样作为语言学及应用语言学专业的大学生，他们选择的方法也是完全不一样的。有人会结合特定的小说文本探讨其中语境干涉的问题。例如，有的人选择的研究媒介可能是《亮剑》小说，也有人选择的是《小王子》这部童话。探讨《亮剑》里语境干涉的研究可以为语言交际提供指导，分析《小王子》里的语境干涉，可以为解读象征意义的产生提供语言学意义上的参考。因此，在如何利用这些思政媒介的时候，我们必须考虑到大学生的个性化学习这一教学前提。

个性化的学习内容，又决定了个性化的学习方式并影响到具体的德育教育实践。若要把思政教育融入这些个性化的学习方式里，我们的课程思政研究就更不能脱离个性化学习这个实际。因此，概括大学生专业学习的个性化内容与个性化的方式这一教学事实，我们的德育教育应该设计个性化的教学路径。

面对不同专业的大学生以及德育教育发展不平衡的思政教育现状，我们必须依赖理论协同才能提升我们的教育效果。即使在传统德育教育中——以“思政课程”教育为主的那个阶段里，这样的事实也同样存在。在思政课程的各个阶段里，思政微课、翻转课堂、项目教学法等教学改革在各地教学实践中也呈现出了不均衡的发展态势。如此不均衡的现状也就暗示着后期的“课程思政”也会存在同样的情况。鉴于这样的现实，各地的一线教师就会不约而同地采取相同的方式——理论协同的方式来提升自己的德育效果。个性化学习与课程思政的结合就是一个案例。

德育教育背景复杂化的客观需求。教育背景对具体教育实践的影响体现在两个方面：一是积极的影响；二是消极的影响。前者是借助教育背景中的某些有利因素来提升立德树人的效果，后者是通过消除教育背景给予思政教育的消极影响来提升德育的教育效果。这就需要我们把大学生的个性化学习现状与大学生德育教育的个性化教学实践进行整合，从而完成课程思政的教学任务。

德育教育背景的复杂化。德育教育背景由两个方面的因素组成：一方面是影响德育教育效果的社会、生活、家庭因素；另一方面是接受德育教育的学生们自身的德育素养及心理素养。

随着中国持续不断深入的改革开放，国外各种错误思潮不断地侵蚀着大学生还尚未定型的世界观、人生观和价值观。因此，在十八大报告中首次把“立德树人”确定为教育的根本任务。依据英国教育家斯宾塞的观点可知，教育的发展依赖于物质的投入，但物质的投入却不及文化、精神理念等因素对教育发展所产生的影响。因而，加强课程内涵建设尤为重要。

二、理论消解中的建构

理论消解是裴娣娜在其主编的《现代教学论》里提到的一个术语。对其内涵，作者曾有这样的阐释："消解是什么？长期以来，我们采用二元逻辑基础的传统教学论研究方式，追求统一的因果关系的解释，忽视了对丰富的教学现象存在的不同阐释方式，忽视了多元化的研究方法和结论。"①引文告诉了我们打破教育教学僵局的思路，即协同与创新。

（一）协同的含义

此处"协同"的含义有二：一是指协同教育学理论的具体内涵；二是运用协同学理论从事的具体德育实践。从理论的层面上讲，此处的"协同"就是指协同教育，即运用协同学理论分析、解决教育问题的具体过程。

在课程思政的实践中，协同的对象有三：一是教育教学理论间的协同；二是理论运用方式上的协同；三是教育教学可利用要素间的协同。仅就本次研究而言，教育教学理论的协同主要是指运用协同学理论，整合个性化学习理论与课程思政理念。个性化学习与课程思政理念的理论协同，在德育教育实践中表现为两种理论指导下的教学要素的综合性运用。上海中医药大学的张黎生教授，在其教授的解剖学课上，把感恩教育和生命教育融入其中。把原本枯燥的解剖学习变成了课程思政的经典实践，颇具藤野先生讲课的风采。从这点看，协同学指导下的教学要素的彼此互补才是课程思政的最佳实践。据此反推，这一过程其实就是理论运用方式上的协同。

（二）创新的含义

此处的"创新"也有三个层面上的含义：一是继承前提下的创新；二是个性化实践中的创新；三是经验吸收与利用中的创新。创新并不是对传统的抛弃而是对传统理念的革新。有抛弃，也有继承。就如上述张黎生教授的个案而言，他的课堂继承了传统解剖学的知识，但在继承之中又被融

① 裴娣娜主编．现代教学论（第三卷）［M］．北京：人民教育出版社，2006.5.

入了生命教育与感恩教育的内容。因而，这是创新。与此同时，创新还表现为经验的吸收与利用。这里的经验，包括自己的经验及与他人共享出来的经验。还以张黎生教授而言，他的传统教学经验主要集中在解剖学知识的讲解上。但他之所以要在课堂教学中融入生命教育、感恩教育并取得了如此的成功，这完全得益于他对其他教授课程思政教育教学经验的借鉴。然而，借鉴并非照搬，它表现为一种选择性的应用。其实这就是一种个性化的实践。同样是要在解剖学的讲解中融合生命教育，融合感恩教育，其他教授的讲解方式、思路肯定会与张教授有所不同。在这样的事实面前，还有谁会不承认创新是一种个性化的教育教学实践呢?

三、综合目的下的写作思路

本次的研究与阐释具有综合的目的。这一目的的实践需要一定的思路支撑。故而在此对本次研究的目的与写作的思路整合在一起进行说明。

（一）写作的目的

现将其总括如下：在回顾个性化学习理论与课程思政理念付诸实践的基础上，明确两者协同的本质，总结其付诸实践的前提条件，归纳个性化学习理论与课程思政协同的具体途径并依据新构建的评价体系反馈两者理论协同指导下的教学效果，从而为完善德育教学体系的构建夯实基础。

（二）思路的说明

这一综合性的目的可以分述如下：回顾个性化学习理论和课程思政理念的发展流变。个性化学习理论与课程思政理念是本次协同的对象。为了明确协同的对象，我们必须明确个性化学习理论与课程思政理念的精髓。理论的精髓有三种体现方式：一是理论自身的发展流变，二是理论指导下的实践现状，三是理论对实践未来发展趋势的推动。于是设计了“拾级而上话现状”这一章节。

个性化学习理论与课程思政理念是本次协同实践的两个对象。不知其所以然，就不可能实现两者的协同途径与方法。故准备用“追根溯源夯基础”一个章节的篇幅来回顾两种理论流变的相关问题。

个性化学习理论与课程思政理念协同指导下的德育教育是一项理论研究，也是一项教育实践。理论接受实践的检验并被实践修订和完善。因而，从实践出发去探讨个性化学习理论与课程思政理念协同的本质，无疑是最恰当的选择。两种理论早已付诸德育实践，但利用两者协同指导德育实践还是首创。因而，在这里要关注的问题有四个：个性化学习的本质、课程思政的本质、两者协同的本质以及本次创新的本质。

若要在个性化学习与课程思政理念的协同下完成立德树人的任务，必须构建一个两者协同的前提。这个前提的构建需要在各种德育资源的转化中构建。依据教学的需要，在此详述了四种需要转化的资源，即，时政德育资源、传统德育资源、学科德育资源以及校园文化资源。

课程思政的实施需要一定的途径，而这些途径的选择又受制于实施者个人经验的积累与其对他人经验的借鉴。因此说经验借鉴可以拓展我们德育教育的途径。本着“全程育人”和“全科育人”的理念，结合大学生教育的现实，为拓展德育教育途径而进行的经验借鉴应集中在四个方面：课内课外的德育教育经验、线上线下的德育教育经验、专业与非专业的德育教育经验、需求与任务驱动下的德育教育经验。这些经验的借鉴，会在一定程度上拓展每一位教师的德育途径，并且能与现代大学生教育的现状较好结合。

作为一项德育实践，个性化学习理念与课程思政理念的协同效果需要构建一个科学的评价体系。一则因为现有的评价体系不能科学而客观地评价这次创新实践的效果；二则因为完善课程思政与个性化学习需要依据客观的反馈信息。为此，利用最后一个篇幅对这一内容进行了说明。为了实现这样的目的，在本章节重点论述了四个问题：新评价体系的构建过程、评价的具体操作要求、评价信息的反馈以及评价结果的应用。

1

第一章

拾级而上话现状

本次研究关注的重点是在个性化学习理论与课程思政理念协同下改革传统德育教育的实践。因而颇具牛顿“如果说我比别人看得要远一点，那是因为我站在巨人的肩上”之语的意思。具体解释，可以知悉：站在巨人的肩上，肯定能让自己比平时看得更远一些，更何况本次的研究是继承基础上的创新呢？所以我们要“拾级而上”。

第一节　研究综述

本处的研究综述主要涉及如下三个方面的问题：基本问题的阐释、疑惑难点问题的列举、实施经验的总结与分享。

一、基本问题的阐释

“个性化学习与课程思政”协同的基本问题阐释涉及如下三个方面。

（一）个性化学习的基本问题

个性化学习的基本问题有二：一是什么是个性化学习，二是个性化学习具有什么样的特点。

1. 个性化学习的界定及说明

“个性化学习”是一个由来已久却又没有明确界定的术语。究其原因，一则是因为对“个性”一词的理解没有取得共同的结论；二则是因为“个性”有多个层面上的表现。前者不利于我们从内涵的层面上界定“个性”，后者不利于我们从外延上列举。因而，无论选择性质定义、关系定义、发生定义和功用定义中的哪一种，我们都需要首先弄清“个性化”的内涵。

厘清“个性”一词的内涵，一般有两种方式：一是在语言层面上理解“个性”一词的含义；二是结合其他学科对“个性”的界定来思考。特别是心理学、教育学上有关“个性”一词的说明。“个性”有广、狭义之分。广义的层面上，它与“人格”一词同义。狭义上的“个性”专指个人心理面貌中与共性相对的个别性，即个人独具的心理特征。[①]具体体现为：信念、需要、兴趣、动机、理想、能力、世界观和气质的总和。然而这只是心理学上有关“个性”的界定。为了界定“个性化学习”的内涵，我们还需要了解“个性化学习”产生的背景。否则，无法界定“个性化学习”的内涵。即使勉强界定，它也不适用于我们的后续研究。

“个性化学习”是为纠正一种错误的学习实践而诞生的。换而言之，它与我们所熟知的“填鸭式教学”“被动式教学”持有完全相反的学习理念。“填鸭式教学”是由伊·安·凯洛夫这位苏联教育家发明的。顾名思义，就是依据饲养者掌握的所谓的规律，在鸭子的特定生长期，把已制作好的饲料硬填充到鸭子的口中。虽然这样的操作可以使我们饲养的鸭子快速增肥，但它却违背了鸭子自主择食的习性。若长此以往，对鸭子的健康成长肯定产生不利的影响。同理可证，若依据这样的“规则”解决教学中的问题，学生的自主学习能力肯定会受到伤害——这已为事实所证明。

“被动式教学”与“填鸭式教学”有共同之处。依据现在的教育教学理论可知，学生的学习活动是一种自主行为。在这一已成共识的结论下，反思“被动式教学”可知，“被动”教学行为限制了学生对学习内容的选择权，禁锢了学生自主拓展学习方式的思维，僵化了学生的思维。虽不能说“被动式教学”一无是处，但“被动式教学”绝对是弊大于利的教学方式。

基于上述的分析，“个性化学习”的内涵应该这样界定：学习者依据对自己学习能力的正确评估，为满足自己的学习需求，在培养、提升自己学习素养基础上，充分彰显学习自主性并以其实现创新目的的学习理念与实践。

对这样的界定，进行如下的说明：首先，个性化学习的前提是对自己学习能力的正确评估。自主学习不是一种以任性为特征的学习，因而它不可能表现为想学什么就学什么，想怎样学习就怎样学习。好高骛远之所以

① 顾明远．教育大辞典［M］．上海：上海教育出版社，1998:132.

不能达到目的，那是因为学习者高估了自己的学习能力；固步自封而学无所获，那是因为低估了自己的学习能力，而不敢放开手脚。因而，在学习中，正确评估自己的学习能力永远是最为重要的。其次，个性化学习有明确的功利目的性。功利目的性是所有各类学习的共同特点，即使是被批驳的“填鸭式教学”“被动式教学”，也有自己与众不同的功利目的性。个性化学习功利目的性可用一句话来概括：个性化。通过个性化学习内容的选择，个性化学习方式的确定促进个性化素养的提升。这是个性化学习的目的性。选择适合自己的内容，它可激发自己的学习兴趣，提升自己的学习效果，促进自己的未来发展并赢得就业的机会。换而言之，个性化学习的功利目的性就是充分利用自己的学习资源快速地促进学习者个性化的彰显。再次，个性化学习也是一种被迫的学习行为。但与“填鸭式教学”的被迫性有所不同，与“被动式教学”的强迫性也有所不同。在“填鸭式教学”和“被动式教学”中，“被迫”充斥到教学中的每一个角落，而且任课老师均是“被迫”之源。但在个性化学习中，“被迫”或者说“强迫”学生学习的主体由老师变成了学生自己的学习需求。这就使个性化学习的目的性更加明确，而且在个性化的学习中，“被迫”的动力更为持久。在前者中，学习者一旦脱离老师的束缚，“被迫”就失去了动力源。但在后者中，只要学习的行为存在，那么这种“被迫”的动力就会在学习需求的刺激下源源不断地产生。最后，个性化学习是创新。这里的创新不只体现在“个性化学习”是作为与传统学习相对的术语而诞生，更是因为真正的个性化学习是一种能力的培养与提升以及学习资源的构建与自主利用。在传统的学习中，多数人都很少关注学习资源的构建与利用，可在个性化学习中，这一点颠覆了我们对学习的认知。学习者依据自己的学习需求，他们在学习的过程中会非常关注学习资源的构建与利用。在利用电子图书馆获取学习资料的过程中，个性化学习者都青睐个人电子图书馆的构建。360 电子图书馆、超星电子图书馆都为构建个性化学习创建自己的图书馆提供了技术支持。就连知网平台，也为创建个人电子图书馆提供了支撑。

2. 个性化学习的特点

个性化学习的特点是在与其他学习方式比较中总结的。特点是区别，内涵也是区别。只不过两者是从不同层面上对个性化学习这一术语的理解罢了。

首先，学习与评价的整合。正如上边介绍的那样，只有正确评价自己的学习能力，个性化的学习才能开始。个性化学习需要多次评价。个性化学习未开始之前的评价是学习者预判自己能否从事个性学习的关键。依据评价的结果，可以增加学习者的信心，可以帮助学习者确定自己的学习目标，可以协助学习者预估自己的学习效果；个性化学习过程中的评价，它可以帮助学习者确定自己的学习行为是否科学，自己选择的学习方式是否适当，自己选择的学习内容是否适合。一句话，个性化学习上的评价可以帮助学习者设计或完善自己的学习过程。个性化学习结束后的评价，与前两次的评价同样重要。一则有助于学习者反思本次个性化学习过程是否存在不理想的情况，二则借助评价反馈所提供的信息可以完善学习计划。学习是持续的行为，任何人的学习过程都要经历多次的设计与不断地完善才能满足自己的学习需求。

其次，学习需求的驱动。学习需求是个性化学习的驱动力。“学习需求”主要指学习者的学习期待、学习动机、学习策略、学习条件等。①引文作者的阐释相对简单，他只论述了学习需求的主要构成，并没有罗列其他的外延。其实学习需求还包括学习资源的开发、学习方法的构建、学习评价体系的生成等。每个学习者都拥有自己的学习资源，都有自己独特的学习方法，都在潜意识里构建了自己个性化的学习方法体系……这些现象的产生都源于学习需求的刺激。“可以培育出人才的学习固然是好学校，但是能让所有的学生都能受益和终生学习的学校才是理想的学校。”②引文背后的意思就是理想的学校应该让它的每一个学生都意识到个性化学习的重要性。

有人说“自主学习”是个性化学习的主要形式，其实促使这一形式产生的缘由非学习需求莫属。在谈及“自主学习”中的“自主”一词时，邓

① HUTCHINSON T TERS A. English for specific; purposes:a learning-entered approach［M］. Cambridge: CUP，1987.

② 史爱荣等 . 教育个性化和教学策略［M］. 济南：山东教育出版社，2001:176.

志伟在自己的著作里借用科恩的话对其进行了诠释：自主有两个尺度：第一个尺度描述个体的客观情况、生活环境，是指相对于外部强迫、外部控制的独立、自由、自觉和自主支配生活的权利和可能。第二个尺度是对主观现实而言，是指能够合理地利用自己的选择权利，有明确目标，有坚忍不拔的进取心。自主的人能够认识并善于确定自己的目标，不仅能够成功地控制自己的环境，而且能够控制自己的冲动。①把引文的观点与学习相结合可知，个性化学习所体现的“自主”其中是整合了引文中两层含义。人不可能改变环境，他只能适应环境。因而外部压力与主观愿望的有机结合促使了学习需求的产生，在学习需求的迫使下，学习者才会有个性化学习的意识并把其付诸自己的学习实践。

再次，自主学习的常态化。自主学习是个性化学习的主要形象，因而只有自主学习常态化才能把个性化学习落到实处。这点在孔子的教学中得到了体现。不同的学生向孔子请教“仁”。孔子对司马牛给出的答案是“慎言”；樊迟问时，孔子给出的答案是“爱人”。同样的问题，不一样的答案。不一样的答案让不同的人理解了“仁”，这就是个性化学习成为常态的好处。

最后，全新的价值取向。在学习的层面上，个性化学习不只是学习者对知识的获取，更是学习者价值体系的构建过程。然而，在教育的层面上，个性化学习表现为一种全新的价值取向。对此有研究者曾得出了这样的结论：个性化学习有着积极的学生观，追求学生的全面发展和个性发展是个性化学习的价值取向。②这也就是个性化学习的诞生更新了我们的传统学生观，改革了传统的教育价值取向。只有尊重学生间个体差异，我们才能提倡个性化学习；只有认识到学生间的个体差异，才能知晓他们不同的学习需求。只有明确了他们不同的学习需求，教师们才能为其量身定做个性化的学习设计，使因材施教变成现实。

这点在《列子・仲尼》和《说苑・杂谈》里得到了充分的例证。在孔

① 邓志伟．个性化教学论［M］．上海：上海教育出版社，2002:237.

② 邓晖．网络个性化学习学生特征分析系统的分析与设计［J］．远程教育杂志，2003(1):35.

子与子夏的对话中得到了充分而又形象的体现：孔子讲了颜回的仁义，讲了子路的勇敢，讲了子张的庄重。长处归长处，但有长处的人也有自己的短处。在长与短的对比中，在优与劣的对比中，学习需求就诞生了。有了需求就会有学习的欲望，无论教师还是学生都是学习者。于是在这教学相长的现实中，孔子和他的众弟子们把个性化学习的理念传递给了后世。

（二）课程思政的基本问题

课程思政理论也有与其他教育教学理论一样的基本问题。即，课程思政与思政课程的区分；课程思政与思政课程的关系及课程思政的难点与对策。

1. 课程思政与思政课程之别

“课程思政”与“思政课程”是完全不同的两个术语，而且这两个术语的背后代表着两种完全不同的德育教学思想。

思政课程与课程思政的区别。两者的区别可结合其内涵的界定进行思考：思政课程，即高校思想政治理论课。思政课程是课程德育中系统进行思想政治教育的课程，是课程德育的主渠道，也是大学生思想政治教育的主渠道。①引文从作者对“思政课程”的内涵进行了界定并对这一课程的作用与意义进行了说明。据此可以简单地把“思政课程”简单地理解为向学生进行系统德育教育、系统思想政治教育的具体课程。在不同学段，其教育内容的选择与方式、方法的确定会有些许的差异。

课程思政的内涵较之不同。课程思政，即将思想政治教育元素，包括思想政治教育的理论知识、价值理念以及精神追求等“如盐在水”般融入各门课程中去，潜移默化地对学生的思想意识、行为举止产生影响。②据引文可知，“课程思政”与“思政课程”既有相似之处，亦有区别之点。虽同

---

① 石书臣. 正确把握“课程思政”与思政课程之间的关系（http://szpjzx.hbue.edu.cn/c0/f2/c5914a180466/page.htm）.

② 王学俭，石岩. 新时代课程思政的内涵、特点、难点及应对策略［J］. 新疆师范大学学报（哲学社会科学版），2020（02）:51.

为课程，都承担着德育教学的重任，都是以系统化的方式向学生进行思想政治教育。但在教育的方式上，教学的理念上，德育教育的体系构建与思想政治教育的体系构建有明显的差别。

具体而言，“课程思政”与“思政课程”的区别可用“拓展”一词来概括。在课程思政的实践中，德育教育的途径得到了前所未有的拓展。对于大学生教育而言，专业学习不再是单一的专业知识获取，而且专业知识的学习过程也承载着社会主义核心价值观的传承与践行。同时，教育媒介的选择也得到了拓展。在思政课程的实践中，专业化的学习内容是其唯一的教育媒介。但到了课程思政的教育里，各学科的知识也成了德育、思想政治教育的媒介。

2. 课程思政与思政课程的关系

课程思政与思政课程之间的关系颇为复杂。“主次、深浅、多少”这是甘肃评论网上的一个观点。所谓的主是指“思政课程”在德育教育与思想政治教育的实践中处于主要地位。这个观点源自“主渠道”“主阵地”一说。因为思政课程是主渠道，所以其发挥主要作用；因其是主阵地，因而思政课程具备其他学科所不具备的功能，这是毫无疑问的，也是不容置疑的。所谓的“深浅”主要是指教学内容而言。教学内容的选择与学科教材编排的侧重点或者说与课程的设计意图密切相关。这里“深浅”体现在两个层面上：一是思政课程自身教学内容明显深于其他学科中的思政教育内容；二是同为思政课程，两者在教学目的、任务上也存在着深浅之别。在此所谈及的“深浅”之别主要指前者。

古代文学作品选读是古代文学专业大学生必修的一门课程。古代文学作品赏析教学中的思政教育案例就最能例证课程思政与思政课程在教学内容上的深浅之别。王湾的《次北固山下》是一首充满哲理意蕴的诗作。其中的“海日生残夜，江春入旧年”往往会成为讲解“新事物能够战胜旧事物”的案例。但此时的哲理讲解绝对比不上课程里的讲解，甚至连教育里的《马克思原理》的讲授深度都有所不及。对此，有研究者给出了这样的结论：

大学生思政课也涉及马克思主义的基本原理、中国特色社会主义的理论与实践等内容，但不是简单地重复，而是要体现出更高的层次性，如硕士生阶段“二选一”的两门思政课就特别注重方法论的教学和运用。“马克思主义与社会科学方法论”在讲授基本原理的基础上，更为系统地讲授了马克思主义指导下社会科学研究的方法论；“自然辩证法概论”在马克思主义自然观、科技观等指导下，更为系统地讲授自然演进的内在逻辑以及科学技术方法论等。① 引文强调了思政教育的深浅有别。若能把其上述案例整合，我们更能看出文学作品选读里思政教育的浅显。不只文学作品选读课程是这样，古代文学史课程里的思政教育同样存在着这样的问题。“岂曰无衣，与子同袍”这句源自《诗经·无衣》里的诗句，虽可以用来向学生进行家国情怀的教育，但它所承载的价值观传授却永远不及哲学教材那样，能够把价值观的教育讲授得清清楚楚、明明白白。这或许就是由“深浅”而衍生的“多少”问题。

“课程思政”与“思政课程”的区别还体现在如下几个方面：

首先，感性与理性。在课程思政的实践里，德育教育与思想政治教育多是以感性的方式进行的。一是因为思政内容要融入学科知识之中，二是其他学科的教师不可能具有思政课教师的专业知识。因而，前者更强调感性。汉乐府民歌《上邪》一诗经常被文学院的老师用以作为向学生进行爱情教育的媒介。为了证明自己对爱情的忠贞，诗人一连发了多个誓言：群山消失、河水干涸、夏天下雪、冬雷阵阵、天地融合。只有这几种“不可能”成为现实的时候，两人才能分手。且不说这里的“山无棱”“冬雷震震”“夏雨雪”“天地合”都是感性的形象，仅其背后所蕴含的爱情观也完全是由两人的“分手条件”来演绎的。

其次，理论与诠释。思政课程里的思想教育多以理论知识的学习为主，即使任课老师偶有案例列举，但这些感性案例也不足以湮没原理知识的讲解。课程思政里的思想教育却恰恰与之相反。在课程思政的实施过程中，教师多以学生对感性案例的理解过程为主要依托，依据从感性到理性的逻

① 唐斌．关于研究生与本科生思想政治理论课一体化建设的思考［J］．思想理论教育，2020.12:71.

辑来完成思想教育的任务。换句话说，思政课程先讲原理，后用案例诠释。如果学生能够理解，后边的案例还有被取消的可能。在课程思政的实施中，这一教学过程被人为地颠倒了。同样的目的，不一样的教学过程。在讲解辩证法、相对主义和形而上学的时候，思政课程中先讲原理再补充事例。而课程思政完全不同。当教师们遇到“太阳每天都是新的”这句话，会告诉学生这句话里充满了辩证法的思想；当教学中恰逢“方生方死，方死方生”这样的语句时，老师们多会借此向学生讲解“相对主义”的相关问题。尤其在遇到“飞鸟之景未尝动也”这种有违运动观点的语句里，老师们就会以其为例讲解“形而上学”的知识。

再次，随机与预设。课程思政的实施需要依赖相应的教学内容。不可能把思想教育融入知识传播的每一个环节之中，不可能整合到所有的教学内容之中。因而，这诸多的不可能就意味着课程思政中的思想教育具有随机性。只有发现那些可以作为教育媒介的学科内容后，才有可能产生德育教育、思想教育的实践。而思政课程则与之不同，思想教育的内容，思想教育的方式、思想教育的效果都早已被教材的编者和课程的讲解者事先预设在内。因而，其更具系统性，更具专业深度。大学生思政课“10 方案”实施后教育部出台的文件中强调，以研究型教学为导向，积极探索行之有效的教育方法和教学模式，教学要与社会实践相结合，等等。[①] 引文言明了两个事实：一是大学生思政课的教学要突出研究导向；二是大学生的思政教育要与社会实践结合。如此明确的思政教育目的足以让我们得出“思政课程”具有“预设”的性质。大学生思政课“10 方案”是思政课的纲领性文件，依据它去选择思政内容，编写思政教材，确定思政的教育方法。教育的效果（即价值引领）……一句话，与思政教学相关的一切都具有预设的性质。课程思政与之相比，教学内容的选择、教材的编写等虽也有某种程度的预设因素在其中，但与思政课程的预设还是没法相比的。

① 加强和改进大学生思想政治教育重要文献选编（1978-2014）[Z]．北京：知识产权出版社，2015: 420.

3. 课程思政的难点与对策

课程思政是有难度的。能否找准它的难点事关我们后续的教学设计。故在此把其难点和与之相对应的解决策略也同样视为基本问题。

课程思政的难点在不同的学科教学中有不同的体现，在不同人的操作实践中也会有不同的体现。然而在这个性的差别之外，还在共性的层面上表现出相同之处。课程思政的共性难点正如王学俭和石岩两人在其《新时代课程思政的内涵、特点、难点及应对策略》一文中总结的那样，主要表现在如下几个方面：专业知识与思政教育融合存在难度、发挥教师融合的纽带作用存在难度、协同育人机制完善与建构存在难度。[①]

专业知识与思政教育融合的难点体现在多个层面上，教学内容的融合，教学方法的融合、教学过程的融合、教学评价的融合都涉及其中。专业知识以“真”为特点，政治思想教育以“善”和“美”为追求。这就导致了教学效果评价上的困难。没有评价就没有反馈，因而完善协同育人机制也就变成了非常困难的一件事。所以说，上述三个难点具有逻辑上的联系。虽可逐一解决，逐一突破，但在制定解决策略的时候却有整体性审视视角。否则，头痛医头，脚痛医脚的治疗方案虽可解一时之需，却不能实现对症下药的治疗原则。

反思自己的思政实践，我觉得在王、石二人的总结中至少还应该补充“课程思政的评价体系的构建难与操作难”。专业知识与思政教育融合是一项教学实践，老师在课程思政中的纽带作用发挥得如何也要在对其教学活动的评价中获得依据。特别是对后者“协同育人机制的完善与建构”而言，更需要依靠评价反馈的信息。因后文对此有专述，故在此仅提出而不再详述。

（三）协同理论的基本问题

个性化学习与课程思政协同还要协同学的理论指导。对协同而言，涉

---

① 王学俭，石岩 . 新时代课程思政的内涵、特点、难点及应对策略［J］. 新疆师范大学学报（哲学社会科学版），2020（02）:53-54

及理论包括协同学、协同教育、协同管理理论、协同创新理论。

1. 协同学的内涵

协同学原本是舶来的理论，它是物理学家哈肯在观察物理现象时得出的结论，当初被称为协同理论。它用子系统大量粒子的协调同步作用，阐明了开放系统形成新的有序结构的原因和条件，揭示了协同和有序的因果关系。它以现代科学的新成果——信息论、控制论、突变论为基础，并包含耗散结构理论的部分成果，因而思想新颖、理论深刻、应用广泛。① 引文在指出协同学理论内涵的同时，也强调了协同的重要性。协同才能有序，有序才能表现出协同。因而，协同理论才具有广泛的应用性。

2. 协同教育

协同教育是协同理论的分支。因此，协同教育其实就是运用协同学理论指导教育教学实践的必然结果。随着这种实践的深入，随着对其应用经验的总结，协同教育逐渐由实践变成了理论。这时，协同学就诞生了。

协同教育的发展经历了由形式到内容的嬗变过程。协同教育诞生伊始，大家关注的是各教育机构之间的联合与协同。“协同教育指联合对学生有影响的各个社会机构的力量，对学生进行教育，以增强教育效果，提高效率和效益。”② 随着协同学理论在教学实践中应用的深入发展，协同理论对教育教学的影响得到了彰显。高文兵等由高等教育出版社出版的《跨学科协同教育研究——多学科大学人文社会科学的育人功能》与李凡长由科学出版社出版的专著《多维度教育理论与方法》以及高兵由知识产权出版社出版的《京津冀教育协同发展战略探究推进京津冀教育一体化的建言建议》等都证明了这一点。

3. 协同管理

思想政治教学与德育教学实践涉及两个方面的问题：一是知识的传播过程，二是教学过程的管理工作。这样的事实就为协同管理理论参与个性化学习与课程的协同实践提供了充足的理论基础。

① 朱志刚 . 协同理论简介［J］. 系统工程，1990（03）:72.

② 转自：邓华 . 协同教育国内外研究述评［J］. 文教资料，2015（07）:109.

在协同理论被运用到管理实践的过程中，它逐渐演变形成了一个新的理论体系：协同管理理论。协同管理理论体系形成了如下三种基本的原理：不稳定性原理、序参量原理、役使原理。[①]引文所言“不稳定性原理”是指协同学理论的参与可以使原本无序的系统发生质变后变得有序。从无序到有序的演变只是协同理论产生效果的一个方面。在协同学原理的应用中，它还会产生另一种现象，即由“有序”变成“无序”。如果前者从“无序到有序”表现为系统的构建；那么后者由“有序变成无序”的演变则将是对这一既成系统的破坏与突破。这一过程的背后，其实演绎的是哲学里的“新事物孕育于旧事物”之中，是哲学里的“度”的问题。因此，在探讨个性化学习与课程思政的协同时，我们也必须注意这一点，不能有所偏颇。这也就有如课程思政的实施之前，专业课里的德育资源处于一种无序的状态，当我们在个性化学习与课程思政指导下，这些无序的德育资源被有序性建构。因而说，协同管理理论参与课程思政实践是一种必然的选择。

序参量原理是协同管理理论体系里另一个重要原理。运用这一原理的前提是对“序参量”这一物理学术语内涵的理解。一般来说，当系统从稳定状态演化到线性失稳点时，一般只剩下一个或极少几个慢变量，这些变量就是序参量。[②]据哈肯的观察可知，一个系统里的序参量的数量是很少的。因而它的变化情况可被用于描述有序结构的不同类型和程度。在教育教学实践中运用这一原理可以帮助我们判定教育教学因素的协同程度。

协同管理体系中的最后一个原理是役使原理。这一原理主要由慢变量原理和绝热消去原理、中心流形原理组成。它可以用于描述临界点状态下，各子系统之间的协同状态。在序参量出现以后，它会对系统构成要素之间的彼此协同产生重要影响。在课程思政与个性化学习协同的系统中一旦出现了序参量，那就意味着学科教学中存在的德育资源已与思政教育的协同成为一种教学现实。随着这一思政教育现象的出现，课程思政的其他方面的协同问题也会得到顺利的解决。

---

① 蒋黎晅．建筑业企业多项目知识资源协同管理研究［D］．东南大学，2016:17–18.

② 蒋黎晅．建筑业企业多项目知识资源协同管理研究［D］．东南大学，2016:17.

4.协同创新理论

协同创新理论也是由协同学发展而来的一种理论形态。在谈及个性化学习与课程思政理论的协同时，必然也会涉及得到，故在此也把它一并阐释。

顾名思义，“协同创新理论”是“协同学原理”与“创新理论”的有机整合。在两者整合中，协同学获取了创新理论的新鲜血液，因而，协同学的生命力得到了前所未有的彰显；然而影响是相互的，在协同学得到发展的同时，创新理论也因协同理念的加入而迎来新的发展契机。因此，有研究者据此得出了这样的结论：协同创新理论的形成和发展，不仅丰富了战略协同和协同学的研究场域，而且将协同的层次从微观拓展到了中观和宏观。[①]细品引文可知，协同理论与创新理论的整合，拓展了理论的应用范围，也扩展了实践。

协同理论与创新理论的整合，体现出了这样的特点：首先，研究领域的拓展。创新与协同本来研究对象是不同的，理论的整合意味着研究领域的整合，研究经验的共享。从这个意义上说，研究领域的拓展带来的必然结果是两种理论各自的发展契机与其指导下实践的发展。

协同创新理论的诞生促进了传统模式的更新。创新有创新的模式，协同有协同的方法。可是当两者整合之后，原有的模式在协同与创新的指导下发生了悄然的变化。“战略—知识—组织”三重互动的产学研协同创新模式的形成就是一个最好的例证。在原系统里，战略、知识、组织之间虽有联系，但其联系却不足以与“产学研”这一模式中的联系相媲美。对于思想政治教学而言也是如此。大学生专业课中所学的知识虽与思想政治教育有关联，但这样的关联却不足以像课程思政这般紧密。结合法律知识的学习，我们可以培养学生正确的爱情观。为此，我们引入热播剧《我的前半生》的剧情并把其与离婚案的诉讼整合在一起，让学生意识到婚恋中的女性更应该做到经济独立，不能攀附别人。只有如此，才能形成独立的人格，意识到拥有一技之长才能实现经济的独立。故而又把爱情观与学习观整合

① 转自：王涛．基于双向嵌入观的协同创新效应研究［D］．东北财经大学，2014:22.

在了一起。同样的教育内容，同样的教育方式也可以出现在现代诗歌作品的赏析课堂上。当我们引导学生赏析《致橡树》的时候，若能让学生意识到“凌霄花”背后的生活哲理，那么他们也同样可以感悟到经济独立的重要性，同样可以感悟到我们强调婚恋中女性要保持经济独立的好处以及如何获取经济独立的方法。因为，在《致橡树》中描写凌霄花的时候，诗中有这样的语句：绝不像攀援的凌霄花，借你的高枝炫耀自己。从中可以感觉到凌霄花的攀援，有其自己不纯净的目的——借别人的高枝，炫耀自己。如此的形象象征着生活中那些不能独立的人。虽然这样的人中不乏男性人物的存在，但它更多地表现为婚恋中的某些女性。因而借诗句的赏析来进行人格教育，无疑是最具说服力的思想政治教育实践。

二、疑惑难点问题的列举

如上所述，个性化学习理论运用中的难点与课程思政实践的难点以及协同理论运用中的难点，都是客观的存在。三种理论的整合虽然可以使某些难点得到解决，但其依然也不可能完全消解这些难点的存在。

在前面有关理论基本问题的探讨也或多或少地谈到了这个问题。但那里的阐释侧重于理论层面上的思考，在这里还要重谈这个问题，这里的侧重点已转向于实践了，即理论协同指导下的课程思政实践。因此，这不是反复的赘述而是各有侧重点的说明。

（一）个性化学习的落实难

个性化学习很好理解，但若要把其理论的精髓与课程思政实践进行协同，的确是一件非常困难的事情。理论是对现实的理想概括，当其再返回指导实践的时候，面对纷繁复杂的教育实践，它往往会让理论使用者感到无所适从。这或许就是把教育称为艺术而不称为技术的原因所在吧。下图转自张春华和彭海蕾所著的《聚焦学习者的个性化学习：国际经验与借鉴》一文。

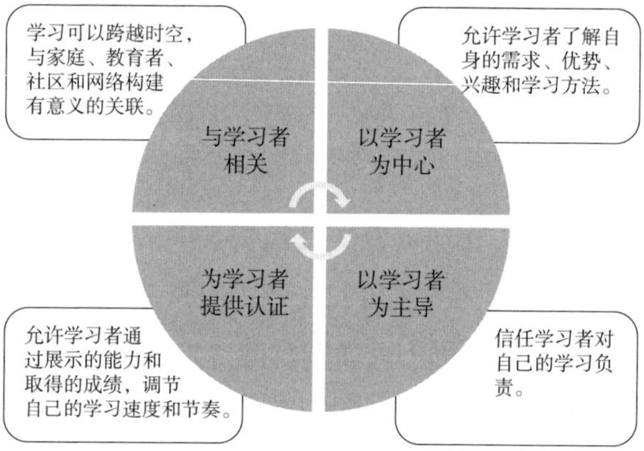

对上图，其文作者给出了这样的解释：利用学生独特的兴趣、个人风格和特定的需求形成学生个性化的学习方式，帮助学生与外界的开放性学习建立真实有意义的关联；个性化学习也是一种认知反思关系——通过学生的兴趣形成每个学生的独特认知；允许学习者通过展示的能力和取得的成绩，为学习者提供个性化认证，调节学习速度和节奏；信任学习者有能力为自己的学习负责，形成以学习者为主导的学习模式。①从引文可知，个性化学习若要落到实处，必须解决学生如何与外界开放学习建立联系的问题，必须解决如何形成自己独特认知的问题，必须让学习者知晓如何凭借自己的能力获取知识的方法，必须信任学习者独立学习的行为，必须构建以学习者为主导的新模式。虽然个性化学习早在国内高校遍地开花，但真正解决了上述诸多问题的高校，或者解决上述诸多问题的学习者，还可谓是寥寥无几。更不必说它与课程思政的协同问题了。在个性化学习与课程思政的协同中，个性化学习的真正实施处于一个基础地位。若无真正的个性化学习何谈两者协同创新？

（二）课程思政的实践难

在目前的相关研究中，课程思政的实施多处在教师的层面上，即任课老师如何实施课程思政的实践，还很少有人关注学习者层面上的课程思政

---

① 张春华，彭海蕾.聚焦学习者的个性化学习：国际经验与借鉴[J].当代教育科学，2020(02):21.

问题。而个性化学习又偏重于学习者自身，这就使两者如何协同成了一件相对困难的事情。当我们在知网上以“个性化学习”和“课程思政”为主题词进行搜索的时候，我们获取的结果为零。可是当我们把“个性化学习”去掉之后，只用“课程思政”为主题词进行论文搜索，情况就截然相反，无数的研究文章让我们目不暇接。然后当我们再利用知网提供的“下载数量”进行搜索结果排序后就会发现如下排名前十的文章：《从思政课程到课程思政：从战略高度构建高校思想政治教育课程体系》《课程思政：有效发挥课堂育人主渠道作用的必然选择》《课程思政推行中若干核心问题及解决思路——基于专业课程思政的探讨》《课程思政的价值意蕴与生成路径》《课程思政建设的关键问题与解决路径》《“课程思政”的探索与实践——以专业课为视角》《专业教师实践“课程思政”的逻辑及其要领——以理工科课程为例》《“思政课程”到“课程思政”发展的内在逻辑及建构策略》《课程思政建设必须牢牢把握五个关键环节》《基于协同育人的高校课程思政工作模式研究——以上海高校改革实践为例》等。

依据对上述研究文章的阅读我们可以发现如下课程思政的实施之难：

首先，课程体系构建之难。课程思政与思政课程有所不同，后者已具备完整的课程体系了。但对于前者而言，课程思政体系的构建是一件非常困难的事情。因为它涉及不同的学科，由不同的教师操作，因而，这是一件困难的事情。

从另一个层面上讲，“课程思政”与我们日常所谓的“课程”有所不同。它是“课程”上的“课程”。即基于原来的课程再重新构建一个新的“课程”。因此，这里需要谈及构建的问题，构建的问题解决之后要涉及课程的使用（学习）问题。特别是当其与个性化学习整合之后，新“课程”的学习问题就表现得更为突出了。

其次，课程内容的整合之难。从前面的分析中可知，“课程思政”是把“思政教育”融入各专业课之中的一门新型课程。把不同的教学内容进行整合，这也是一件不容易的事情。所以才会有探讨课程思政与理工科的整合问题，才会有人专门探讨人文科课程与思政整合的问题。

再次，教学模式的构建问题。课程思政的实施不只是工作模式的构建，更多的是教学模式的构建。在法律专业的课堂上，“法”之概念的讲解绝对是一个老生常谈的话题。本专科生的学习中要讲，研究生的学习中也要讲。为了培养学生的“公平”理念，老师们往往会运用字形溯源的形式进行思政教育。最早见于西周文中的“法”字本写作“灋”。它本是一个“从水，廌（zhì）”的会意字，其本义解释为“刑”。其中的“水”具有向平的性质，所以才有了“水平”这一名词，才有了后来“公平”的引申义。在传统文化里，“水”还是指导众人向善的媒介。因而有人在网络上这样解释“上善若水”的含义：你高，我便隐去，绝不湮没你的优点；你低，我便涌来，绝不暴露你的缺陷；你动，我便随行，绝不撇下你的孤单；你静，我便长守，绝不打扰你的安宁；你热，我便沸腾，绝不妨碍你的热情；你冷，我便凝固，绝不漠视你的寒冷……从这样的阐释里可见“水”具有多么令人羡慕的品质。“灋”中最具神秘色彩的应该是“廌”，它本为传说中的神兽。它的神奇之处在于能分辨人间的是非曲直。故而如果它在审案现场，它就会用自己的犄角去触碰不法之人。于是，追溯字形进行思政教育似乎就成了一个固有的教学形式。然而，这一已被证实且具高效的教学形式并不适用全部法律学科的讲解，更不用说还要构建比之更为固定的教学模式了。

（三）个性化学习与课程思政的协同难

个性化学习与课程思政相比，前者涉及学习者对新理念的接纳与认可，涉及学习习惯的养成，因而要从小培养。即使对于大学生而言，由于现有教育体制的限制，他们也不可能立刻就养成个性化学习的习惯。对于后者而言，在课程思政的实施中也同样存在着相似的问题。如何让新时代的大学生能够在专业知识的学习里，有意识地、主动地去思考其中所蕴含的德育知识、思政理论呢？或许出于对这一问题的思考，2020 年 12 月 17 日才在《中国青年报》上有了《教育部成立大中小学思政课一体化建设指导委员会》这样的报道。从报道中可知，建立大中小学思政课一体化建设指导委员会是为了落实《关于深化新时代学校思想政治理论课改革创新的若干意见》的相关内容。但它却在另一个层面上，让大中小学的思政课的彼此协同成了可能。若能再把课程思政的育人理念融入大中小学的各科教学之中就会更好。

还是在2020年12月16日这天，《中国教育发展战略学会“大中小学德育一体化研究”》课题立项。《信息化融合创新背景下基于资源共建共享的大中小学一体化研究》课题，经论证后正式开题。从中国网对此课题的报道上看，这次课题研究所获取的结果势必会为个性学习与课程思政协同的实践开展提供参考。因为，资源共建共享的背后是学习者的各取所需式的个性化学习实践。

三、实施经验的总结与分享

在阐释课程思政等教育教学理论的同时，也有众多的人从不同的视角，总结着自己参与课程思政的经验，分享自己的所得。在高德毅和宗爱东两人的题为《课程思政：有效发挥课堂育人主渠道作用的必然选择》一文中，他们对上海实施课程思政的历史进行了分段，并对每段所取得的经验进行了总结与分享。

例如，上海的课程思政改革可分三个阶段。即2005年至2010年为改革的初始阶段，具体内容为从“两纲教育”到“学科德育”的改革实践。其中，学科德育是“两纲教育”的核心。这一阶段改革过程被表述为：根据各门学科的知识特点及其所蕴涵的德育资源，上海编制了学科德育“实施意见”，逐步修订中小学各学科“课程标准”和“教材内容”，促进知识与技能、过程与方法、情感态度价值观的三维统一，为小学初中高中各个学段的所有课程实施学科德育提供了理论支撑和操作建议。[①]这是一段实践回顾，也是一段经验总结。实践证明，学科德育实践有利于促进课程思政的实施。从小学到初中是这样，从初中到高中也是这样。融入学科教育的德育有利于在实现新课程三维目标的同时，提升德育教育的效果。

2010年到2014年可视为课程思政改革的深化阶段。在这阶段，上海市各大中小学，结合“整体规划大中小学德育课程”聚焦一体化课程建设。

---

① 高德毅，宗爱东．课程思政：有效发挥课堂育人主渠道作用的必然选择［J］．思想理论教育导刊，2017（01）:31–32.

以此为契机，在“两纲教育”基础上，探索形成了以社会主义核心价值观为核心的教育指向，以政治认同、国家意识、文化自信和公民人格为重点的顶层内容体系构架，并根据不同学段学生特点，开展德育课程一体化设计。[①]在这一阶段的德育教育或者说在这一段的思想政治教育中，社会主义核心价值观的传承教育与践行社会主义核心价值观成了教育的首要任务。并且在宣传与践行社会主义核心价值观的过程中，构建了学习者的政治认同，国家意识与文化自信的顶层内容。这与前一段相比，德育教育的内容选择，思想政治教育任务的确定，都非常明确了。这就正如本文作者所言，在纵向，大中小学实现了彼此之间的无缝隙衔接；在横向上，实现了第一、二、三课堂之间的衔接；与此同时也形成了教育合力。家庭、学校、社会之间彼此协作，形成了思想政治教育的综合效应。

除了上述的经验总结，我还认为上海市这一阶段的教育改革还在某种程度上实现了传统文化资源与现代教育任务的整合。众所周知，社会主义核心价值观的总结，其自身就体现出这样的特点。价值观构建是一件继往开来的过程，在社会主义核心价值观的宣传与践行中，其实也是对传统价值观精髓的宣传与践行，是对传统道德教育精髓的宣传与践行。

第三阶段从 2014 年到 2020 年为从思政课程到课程思政的改革阶段。这一阶段主要的工作是探讨从思政课程到课程思政的转化。其主要历程就是通过对转化实践的总结逐步去完善与构建相关的理论体系。对此有这样的总结：

一是以遵循教育规律，回归育人为本为重点，形成促进学生德智体美劳诸育全面发展和终身发展的育人制度；二是以加强顶层设计，转变政府职能为重点，形成科学分离而又有机统一的“管办评”制度体系；三是以加强资源共享，促进融合互补为重点，形成教育与经济社会发展合作共赢的协同联动制度体系。据引文可知，课程思政的实施重点在于终身发展育人机制的构建。而且这一体系的构建中，又突出了“管办评”制度的建立。

① 高德毅，宗爱东．课程思政：有效发挥课堂育人主渠道作用的必然选择［J］．思想理论教育导刊，2017（01）:32.

这是前两个阶段所没有的。特别是后者强调的资源共享，更是突出了“协同育人”的特点。教育与经济的协同已使课程思政实践跳出了教育体系，更大范围上的协同，意味着资源的整合，也意味着教育与协同学理论的完美整合。

经验一般都体现在两个方面：一是成功的经验，二是失败或不足的分析。如果说上述的列举侧重于成功经验的总结，那么上述引文的作者还在后文中，结合上海市课程思政改革多年实践存在的不足进行了分析与归纳：德育是整体的，是对人的360度“熔炉”式全方位、立体式影响，在中小学阶段成功探索实践的“学科德育”有必要进一步延伸至高校阶段。[①]据引文可知，课程思政若要实现360度“熔炉”式全方位育人的效果，各阶段要彼此协同。

① 高德毅，宗爱东.课程思政：有效发挥课堂育人主渠道作用的必然选择［J］.思想理论教育导刊，2017（01）:32.

第二节 实践现状

课程思政的实践现状与理论现状并不相同。之所以要在此重述，那是因为理论与实践之间不具有对等关系。如果用一句话来概括课程思政与个性化学习理念的实践现状，那这句话可以简单到八个字：“从点到面，星火燎原。”

一、从点到面的改革

“从点到面”中的“点”有两个层面的意义：首先，这里的“点”是某一项教育教学改革的初始之地；其次，这里的“点”还指教育教学改革的切入点。如果说前者是始于地域上的分析，那么后者则是侧重于学科自身而言。与“点”相对，这里的“面”也有两个层面的含义：一是指教育教学改革开始之后的拓展性推进；二是指教育教学改革由一地到多地的全面推进。

（一）由点到面的个性化学习

在不同的学段，个性化学习会有不同的要求与不同的表现。本处仅针对大学生的学习现状对其进行说明。

首先，开放的学习空间是最基本的切入点。大学生的学习空间相对自由，这是一个不争的事实。大学生的开放学习空间主要体现为：同班不同学，同寝不同班，小班化学习。[①]不只是大学生的学习具有这样的特点，对于大学生而言更是如此。“同班不同学”涉及的情况相对复杂，它在选课上表现得尤为突出。不同专业的大学生，因为选择了相同的选修课，他们完全可以因为某一学科的共同学习而成为“同学”。与此同时，公共选修课也会出现与之相同的情况。出于“不得不选”的原因，许多原本不是一个班级的学生成了同学。特别是当互联网+被运用于大学生教育教学后，这样的情况就更多了。在碎片化学习成为常态后，即使是同一个班级的学生，他们也可以依据自己的时间安排，自由地选择学习时间、选择学习内容，尤其是在我国各高校都出台了与选课制匹配的弹性学习制度后，导师负责制、主修制后，高校都允许本科生在老师指导下，依据自己的教学任务自主地选择学习内容和学习方式。相对中小学生而言，大学生拥有相对更为自由的学习环境，因而若能找准这一点，就能推动个性化学习的迅速普及。

其次，学习载体的个性化是个性化学习的基本实践。大学生的学习载体不断地推陈出新，从计算机到智能手机再到区块链和人工智能，不断变化着。这不断变化的学习载体让个性化学习由一种可能变成了一种现实。在书本不再是大学生唯一获取知识的时代里，数字化学习资源、数字化的沟通方式已涌现。在新冠疫情期间，线上学习、线上考试、线上答辩已成了一种客观的教学方式。这一事实的背后，其实就是个性化学习的再现。

最后，学分制是个性化学习的保证。大学生教育要求学生具备非常高深的专业知识，但这与个性化学习并不矛盾。如何才能通过个性化学习让学生获取高深的专业知识呢？在本科生的管理中，学分制积累了丰富经验。学分制不仅可以运用到大学生的学生管理中，而且还能取得较好的育人效果。这一点从下述引文里可略见一斑：

学分制的核心是选课制。安徽理工大学 2009 年起修订全日制学术学位硕士大学生培养方案，规定课程学习不少于 28 学分，其中学位课不少于 17

---

① 谷照亮．个性化学习视域下大学生思想政治教育创新研究［M］．成都：四川大学出版社，2020:57–62.

学分，非学位课不少于11学分，新增创新能力培养不少于4学分，创新能力成果不少于3学分。公共基础课面向全校大学生，一级学科基础课程不少于4门（少于9学分），二级学科专业课程选修课不少于9门（19学分）。2015年针对学分制实施过程出现的问题再次修订全日制大学生培养方案，学位基础课程6门（12学分），专业必修课程不少于4门（4学分），专业选修课程不少于4门（18学分），创新能力培养与成果作为独立考核单元，其中创新能力培养不少于3学分，创新能力成果不少于3学分。自新增创新学分以来，大学生参加国内外大型学术会议、学科竞赛的积极性显著增强，荣获一批国家级、省级优秀论文奖，拥有发明专利2项，实用新型专利10余项。①

引文告诉我们三个事实：一是应用学分制管理大学生教育教学的关键是选课制。而选课制的实质则是个性化学习。因而说个性化学习的运用需要学分制的配合。其次，个性化学习有利于大学生学习能力的提升或者说有利于创新能力的培养。在引文的结尾处，引文作者通过列举大学生所取得的科研成果证明了这一点。无论是学术会议成效，还是学科竞赛，对其创新能力培养的结果，都在发明专利的数字里得到了验证。再次，引文的所有数字都只是基础医学大学生学习情况的统计与分析，但统计与说明却足以证明学分制有利于个性化学习的开展与实施。

同时，引文还表明个性化学习在大学生教育里已呈现出由“点”到“面”式的专业发展。引文虽没有明确说安徽理工大学的学分制（个性化）学习是专业课开始还是非专业课开始，但它却覆盖了大学生的全部学习，这本身就是由点到面的一种实践。与此同时，当我们以“个性化学习”为主题词进行搜索，也可以发现个性化学习+不同学科的研究成果。比如，《个性化学习视域下大学生思想政治教育创新研究》就是其中一例。

① 王健，卜小芳，孙琳，刘晓蕊，刘智．基础医学研究生学分制条件下的双导师制培养——以安徽理工大学为例［J］．南京医科大学学报（社会科学版），2016: 75（4）:319–320.

（二）由点到面的课程思政

课程思政的发展也经历了由点到面的过程。而且这里的“点”与个性化学习改革中的“点”具有相似的含义。

首先，在地域的层面上，上海是课程思政的起源点。但这并不意味着课程思政的理论起源于上海，而是说上海课程思政的实践发展让我们对课程思政这一思想有了新的认识。“课程思政”一词虽是近年来才出现的概念，但其实我国在课程中开展思想政治教育的意识却是自始至终都存在着，并且经历了不同阶段的发展变化，呈现出不同的特点和新的问题。①正如引文所讲，课程思政思想虽早已存在，但这一理论的发展与壮大却要借助上海高校进行的教学改革。我国高校的课程体系是由思想政治理论课、通识课和专业课共同组成的。在最初的教学中，思想政治理论课处于主导地位，虽不能说所有的德育教育都由思想政治理论课完成，但其绝对可以称为主渠道。因为相对于其他两种类型的课程而言，通识课还有一些综合素养培育任务，而相对专业课而言，它几乎不参与思想政治教育。因为，在那个特定的时代，专业课往往会被视为系统化知识或技能培养的媒介。因而，鉴于三类课程所承担教育任务的不同，思想政治理论课的主导作用就更加明显了。对于这样的课程体系设计，有研究者总结出了这样的认识：学生虽然完成了各门课程，拿到了规定的学分，却没有形成一种更贯通的知识观，更综合、更真实的生活观。②发现了这样的问题，就要寻找解决这些问题的方法。于是在 2014 年，上海各高校就开始了课程思政改革的实践性尝试。

在教育教学改革的实践当中，通过对思想政治理论课、综合素养课（通识课）和专业课程进行功能定位，然后才能探讨如何进行思想政治教育的相关问题。即，在思想政治理论课创作的同时，协同通识课和专业课进行全课程育人的实践。而这又正是落实习近平总书记“各门课都要守好一

---

① 戚静．高校课程思政协同创新研究［D］．上海师范大学，2020:28.

② 欧内斯特·L. 博耶著．关于美国教育改革的演讲［M］．北京：北京教育科学出版社，2002:23.

段渠、种好责任田，使各类课程与思想政治理论课同向同行，形成协同效应”指示的具体实践。在习近平总书记的论述中，有一个词语最值得关注：协同。各门课程要守好一段渠，种好责任田，那就必须有一个科学的定位。这一科学的定位，既是实现与政治理论课协同的前提，又是产生协同效应的基础。例如，上海市在2017年出台了《上海高校课程思政教育教学体系建设专项计划》这一指导性文件。依据文件的要求，参与课程思政实践的试点学校有12所之多，这不包括重点培育的12所、一般培育学校34所。由重点到一般，全上海市参与课程思政改革的学校已达50多所。课程改革需要地方政府与国家层面上的支持，为此，上海曾专门拨出了经费支持而且是为期四年的经费支持。不止如此，国务院办公厅也印发了《关于深化教育体制机制改革的意见》，且第一次把“课程思政”写入了文件之中。这一切都发生在2017年。在国务院办公厅的文件颁布后，即意味着另一个客观事实的出现：由上海市承担的课程思政改革此时完成了由点到面的转换。即由上海市这一“点”发展到“全国”的这个“面”。而且这里的由点到面，同时又意味着另一种“协同”场景的诞生。如果说上海市颁布的《上海高校课程思政教育教学体系建设专项计划》所针对的对象仅局限于上海地区，那么《关于深化教育体制机制改革的意见》则意味着课程思政改革在全国范围内的开展和推广。

其次，课程思政切入中的由点到面。课程思想要在不同的课程体系中融入思想政治教育，它就必须找到一个精准的切入点。而且当这一切入点找到之后，它就会被作为一种经验共享给所有的一线教师。这就在某种程度上实现了由点到面的发展。

专业课里的思想政治教育是一个难点，若要使专业课与思想政治理论课同向而行且完成德育教育的任务，那就必须找准这一切入点。专业课侧重于专业理论知识的传授，侧重于专业技能的培养，相比思想政治理论课，它的专业性更强。专业性的过于强调让专业课教学中的思想政治教育就处于了容易被忽视的境地。为了改变思想政治教育在专业课学习中的被动地位，我们一线老师就必须关注在知识传授中的价值引领，就必须关注能力培养中的价值传承。只有这样才能让学生在专业知识的学习过程中，学会运用马克思主义理论分析解决现实问题的能力，知晓自己如何做人，怎样做事，最终成为什么样的人。基于这样的考虑，我们说由“点”到“面”之“点”是指挖掘专业课的德育因素之“点”。这里的“面”是借助德育之“点”实现思想政治教育的全部实践。或者说构建“三位一体”的课程思政体系。

在专业课教学中践行课程思政理念，需要在全面关注学生的发展需求基础上，选准思政教育在专业课教学中的最佳结合点。使两者有机融合，并以此为抓手推动专业知识学习与价值培育实践的有效结合。要在思想政治教育原则指引之下对专业课进行深度开发，充分挖掘和激发其中的思想政治教育内涵，科学、有序地推动专业课思政教育①。因此，在专业课教学中践行课程思政的理念，关键和核心在于找准思想政治教育的元素和资源，“如盐在水”般以无缝对接和有机互融的方式建立专业知识与思想政治教育目标的内在契合关系。深入思考每一门专业课，都可以凝练出其在情感培育态度选择、价值观引领等方面的教育要求，而这些要求也就是思想政治教育与专业课结合的因素点。相对而言，哲学社会科学类的专业课应更多地凸显其在强化社会主义意识形态教育方面的作用，自然科学类的专业课则应更注重对学生科学思维、职业素养的养成教育。具体来说，要根据专业课的教育要求，结合课程自身特点，分别从爱国情怀、社会责任、科学精神、人文精神、品德修养等角度找准思想政治教育的因素点，设置课程思想政治教育目标，有机融入社会主义核心价值观、中国优秀传统文化教育以及理想信念教育、爱国主义教育、道德品质教育，特别是对中国特色社会主义的“道路自信、理论自信、制度自信、文化自信”的教育内容。②

确定了切入点，还要根据这一切入“点”，把课程思政实践变成一个“面”。只有如此，才能真正彰显课程思政的育人价值。

在坚持以立德树人为根本任务的前提下，通过深入挖掘专业课中的思

---

① 周利方．沈全．“课程思政”运行机制与途径拓展探索［J］．教书育人（高考理论版）2019（2）:71–73.

② 陈华栋等．课程思政：从理念到实践［M］．上海：上海交通大学出版社，2020:148–149.

想政治教育资源与元素，立足学科优势，实现思想政治教育目标与专业课知识点的精准对接。一方面，要围绕课堂教学这一主线，从课程设置、课程参与主体（教师、学生）两方面入手，不断探究课程思政的有效路径和载体，最终构建起专业课与思想政治理论课、综合素养课协同的“三位一体”。另一方面，要根据课程思政基本要素的内在联系，把目标、主体、内容、路径等要素融合为一个有机体，协同推进思想政治理论课的显性价值引领和专业课、综合素养课程的隐性价值渗透的有机融合，保证思想政治理论课的核心地位，同时充分发挥其他课程的育人作用，在实现教育目标的过程中真正做到融会贯通。①

二、星火燎原的实践

星火燎原的实践是教育教学改革的蓬勃发展。相同或相似的教育教学理论指导下的教学改革在不同的学年段和不同学科教育教学实践中得到了广泛的应用与完善。

（一）燎原之势下的个性化学习

个性化学习实践现已在大学生教育中呈现出燎原之势的发展现状。这主要体现在两个方面：一是个性化学习已融入专业课或非专业课的学习之中；二是个性化学习已融入不同专业的大学生培养实践里。

个性化学习最早出现于大学生的教育教学中。在2014年末的时候，有学者在知网上检索“个性化学习”与“大学生思想政治教育创新”的相关论文时，获取了如下的统计结果：当检索项为“全文”的时候，与“个性化学习”相关的论文数为109418篇；与“大学生思想政治教育”相关的论文是320832篇；与“大学生思想政治教育创新”相关的论文数为214907篇；与“个性化学习视域下大学生思想政治教育创新”相关的论文为30981篇。当检索项变为“主题”，与上述结果对应的数字分别变为1757、71604、

① 陈华栋等．课程思政：从理念到实践［M］．上海：上海交通大学出版社，2020:152.

23575、257；[①]当我们的检索项被替换为“关键词”或“篇名”的时候，上述统计结果还会有所不同。对于这样的统计数字，我们可以发现两个重要的事实：一是个性化学习在大学生的教育里呈现出燎原之势；二是有越来越多的研究者开始关注个性化学习与大学生思想政治教育的整合。在这背后，我们感受到了一个这样的事实：大学生教育教学中的个性化学习与其思想政治教育的整合为大学生教育的整合提供了可能。事实也的确如此。在 2020 年末的时候，当我们以上述相同的思路，在知网进行论文搜索的时候，发现如下的统计数字：

检索项为“全文”时，与“个性化学习”和“大学生”相关的期刊论文数为 7.69 万篇，学位论文为 42.49 万篇，会议文献为 2401 篇；当检索项为学术期刊为 16 篇；学位论文 32 篇。暂且不再统计其他数据，仅从前后两者数字的对比上就可以发现一个这样的事实：个性化学习理论早已参与到大学生的思想政治教育实践中了。或者更确切地说，早年在大学生教育中积累了丰富经验的教育改革现已深入大学生教育教学中了。

是什么样的原因让个性化学习改革在大学生的教育中呈现出燎原之势的呢？一般认为有如下几方面原因：首先，新媒体的迅猛发展加速了大学生思想政治教育背景复杂化的发展趋势。原本在教育教学中处于权威地位或者主导地位的教师受到了新媒体的冲击，在这样的境遇下，个性化学习便应运而生。同样是理论学习，在新媒体平台上出现了许多语言风趣、用例生活化的讲述者。这就使理论学习更加贴近大学生的现实生活。

其次，当新媒体的开放性与大学生的开放学习彼此相遇的时候，大学生更需要通过个性化学习去反思自己获取的信息。新媒体的开放性是一把双刃剑，它在为那些具有高深理论者提供讲述平台的同时，也为良莠不齐的信息传播提供了可能。在处理自己所怀疑的信息的过程中，个性化学习就成了大学生们的一种必然选择。

再次，个性化学习为课程思政提供了可能。中小学生与大学生最大的

---

① 谷照亮．个性化学习视域下大学生思想政治教育创新研究［M］．成都：四川大学出版社，2020:8.

区别就在于大学生的自主学习。虽然学校都会为自己的学生划定必读的书目，但这些必读的书目之外，还会有许多同学喜欢阅读的书籍。即使是面对这些必读书目，不同的大学生也会有自己的阅读方式。因而，在这样的学习中，个性化学习必然会成为大学生们的选择对象。

（二）燎原之势下的课程思政

课程思政由点到面，其自身就呈现出一种燎原之势的改革。对此可以理解为由一个学校到多个学校的发展，也可以理解为由一个学科到多个学科的彼此协同。甚至还可以理解为由中小学生到大学生教育的拓展，更可以由一位老师的经验共享到多位老师的协同实践。

若要在通识课中进行思想政治教育，一是挖掘传统通识课的内在的德育元素，二是依据育人的需求进行课程的改革。无论哪一种，都能为课程思政的实施创造条件。例如，在上海大学的课程设置中，出现了“大国方略”这样的通识课，在复旦大学的课程体系中出现了“治国理政”，在上海交通大学出现了“读懂中国”，在华东政法大学涌现了“法治中国”，在上海技术大学里有了“制造中国”，在有的高校中的政治学院又有了“大国安全”这样的课程……虽然没有必要穷尽每一所学校的每一门通识课程，但是上面的列举却告诉了我们两个客观的事实：一是通识课的设置要与各高校的办学特色相一致。“法治中国”一般只能出现在政法学院的课堂上，“制造中国”多出现在技术性较强的学院中。二是若要发挥通识课的育人目的，其课程设计应该依据教学的需求进行必要的改革，只有这样才能更利于课程思政理念的践行。由一所高校到多所高校，由一门新课的出现到多门新通识课程的改革，这就是我们所说的燎原之势的课程思政改革。

然而对于一些专业课而言，一般不太可能通过设置新的课程来提升思想政治教育的效果。例如《中国现代文学史》《中国古代文学史》这样的课程就是例证。在这些课程中如果能够融入一些德育元素同样可以实现课程思政的目的。在现代文学史上，老舍的《骆驼祥子》是一个必读的长篇。若能在课程的讲解中，整合一些老北京人力车夫的生活照，若能在人物形象的分析中，结合祥子的性格特点，融入一些小说的创作背景知识，同样能让我们的学生受到思想教育。夏衍的《包身工》以其纪实的特点真实地再现了包身工的苦难生活，因而《包身工》这篇作品也是现代文学史讲授的重点。此时若能在讲授中添加一些真实的图片，运用对比的方法，无疑也可以使学生受到德育教育。从一篇（部）作品的讲解到整个现代文学史的讲授再到其他专业课的学习，这就是我们要说明的“燎原之势”。

熟悉中国教育史的人都知道，把思想政治教育融入各种类型的课程之中，是一个古老而常熟的教育话题。随着教育的不断演进，它又以一个新问题出现在了我们的课堂上。即在目前的教育中，我们逐渐发现了思想政治理论课也有其自身的局限性，即课程教育与思想政治教育结合不密切的问题。从而各高校开始推动“三位一体”的课程育人体系，即思想政治理论课、通识课和专业课的协同。从而让我们每一位老师在挖掘每一门课程育人功能的同时，实现育人工作由“单兵作战”向“多兵种协同作战”的转化。因此，我们每一位老师都要在燎原之势的课程思政改革实践中，解决课程思政不够精准的问题，推动各门课程育人的协同发展，形成立德树人的最大合力。

第三节　趋势研判

在总结了现状之后，我们要对个性化学习与课程思政改革的未来发展趋势进行研判。因为，这样可以使我们的后续研究更具有现实意义与理论价值。

一、理论协同最关键

个性化学习理论参与大学生教育实践与课程思政的改革现状都表明了一个共同的事实：理论协同最为关键。

任何一个教育教学理论都有其自身的局限性，这就迫使我们不得不思考如何在克服其自身局限性的过程中，实现理论对教育教学实践积极影响的最大化。答案只有一个，那就是互补性运用。当我们发现了某一理论自身的局限后，我们就不得不把其与其他理念整合，从而在彼此的互补中实现某一教育理论价值的最大化。当我们把政治微课与翻转课堂理论整合后，微课的价值不仅得到了最大化，翻转课堂对学生科学和人文素养的培养也实现了最大化。

（一）个性化学习理论的协同实践

在个性化学习理论参与教育教学的过程中，它曾与多个学习理论进行过整合性应用。在知网上，《新建构主义视角下大学生个性化学习的教学模式探究》是下载量最大的一篇研究性文章。通过认真阅读，我们知道，这是一篇探讨建构主义与个性化学习理论彼此协同的研究文献。在文中作者提出了多种模式化的个性化学习：基于移动终端的个性化教学模式、基于个人学习环境/空间的个性化学习教学模式、基于智慧课堂的个性化学习教学模式、基于 MooCs 的个性化学习教学模式、基于个性化学习平台的个性化学习教学模式等。[①]从引文中可知，个性化学习理论在与建构主义的整合中已形成了多种教学模式。

新建构主义的精髓为我们实施个性化学习提供了理论支撑。它在强调显性知识与隐性知识的同时，也承认老师的主导作用。在承认老师的主导作用之时，也强调学习者自身的创造性重构。两者整合，恰好可以弥补个性化评价中过于个性化的弊端，弥补建构主义自身的创造性不足的问题。

MooCs 具有极大的开放性，在国家 MooCs 平台上，学习材料是开放的，学习方式具有互动性，学习方式不受限制，因此不同背景的大学生都可以利用这一平台进行思想政治课内容的学习。与传统的授课方式不同，慕课的上课人数不受场地限制，它可以让数以百计的学生共同参与思政课的学习。在线的学习方式又让众多的学生获得自由的学习时间，只要拥有上网的条件，学生们就可以随时随地学习，而且课程资源又是免费的，甚至都不受学籍的限制。北京中医药大学依托自己的教学资源为大学生开放了思政理论慕课并取得极为理想的教学效果。对此，有研究者获取了如下的数据：

---

① 郑云翔. 新建构主义视角下大学生个性化学习的教学模式探究[J]. 远程教育杂志，2015(04):53-55.

思政课学习遇到困惑时的解决方式、网络资源运用于课堂教学的学习收获方面的调查结果

调查内容	选项	人数	百分比
思政课学习遇到困惑时的解决方式	与老师进行面对面的沟通交流	23	34.33
	通过短信、QQ 等方式询问老师	11	16.42
	自己在网上查资料解决	31	46.27
	其他	2	2.99
网络资源运用于课堂教学的学习收获	加深了对于教材中内容的理解	10	14.93
	拓宽了知识领域	35	52.24
	生动的模式提高了学习兴趣	21	31.34
	其他	1	1.49

分析表中的数据可知：当我们把慕课引入思政教学之后，学生自主求解的能力得到了提升。这主要体现在“自己在网上查找资料解决”这一项的数据统计上。求解方式的转变意味着解决问题能力的提升——这也就是教学效果提升的表现。利用慕课学习的过程中，大约有 52% 的人都得到这样的感悟：拓宽了知识领域。而且这里知识领域的拓宽又是通过自己找资料的方式来获取的。可见，慕课的参与促进了个性化学习理论在大学生思政学习实践中的应用。持续的个性化学习依赖于对学习者兴趣的培养，而思政慕课的运用恰好实现了这一点。从表中的统计数据中可知，约有 21 人，占 30% 多的学生感受到了慕课的生动之处。他们已不再拘泥于枯燥的课本内容，也不再拘泥于刻板的讲课模式，他们更加理性地融入了慕课平台的学习之中。这就在另一个层面上表明，个性化学习理论的实施需要与其他教改理论相互整合，从而在彼此的互补中实现它对教学效果积极影响的最大化。换而言之，互补是依托理论的协同来实现的。

协同并不是简单意义上的理论相互整合。它是在客观需求的促使下完成的理论协同。大学生教育是培养人才的重要实践。在“三育人”的模式里，即教书的过程、管理的过程与服务的过程协同在一起，共同承担着育人的重任。这就改变了传统点对点、面对面的育人方式。在传统的德育教育中，虽然依靠报告、发放材料的方式也能完成育人的任务，但因场地的限制，其育人效果远不及个性化学习育人的效果。因此，为优化传统德育的效果，在个性化学习理论的指导下，我们必须关注如下几方面的协同：一是思想政治教育与新媒体的协同。两者的协同可以使个性化学习更具开放性、交互性和共享性。开放性讲的是学习方式，交互性谈的是学习过程，共享性说的是学习效果。通过他人的共享共聚学习资源，然后再通过自己的共享丰富这些资源。这就是两者协同的好处。二是，在“互联网 +”的教育教学背景下，实现网络教学与思想政治教育的协同。例如上边提到的慕课资源就是如此。除了这些慕课资源之外，抖音平台上、快手平台上，还有许多专业的人士在讲解专业的德育知识。在百度文库里、在 360 图书馆里、在国家图书馆的平台上，我们都可以自由地获取自己所需要的学习资源。三是，与需求协同强化育人效果。这里的需求可分两部分：一部分是显性的需求。对于大学生而言，无论专业课，还是选修课，一般都要有考核。为了考试而进行的德育学习可以称为显性的需求。另一部分是隐性的需求。即不是为了考试而产生的学习需求。由于个人的爱好，不同的人会对某一方面的德育资源产生学习的需求。在此把其称为隐性的学习需求。若这两种需求能够彼此协同，那么大学生就需要持续不断地接受德育教育。特别是对于后者而言，隐性需求的参与更能彰显德育效果的自发性、持久性。

（二）课程思政的协同实践

课程思政本身就是协同。这里的“协同”主要体现在如下几个方面：首先，隐性教育与显性教育的协同问题。例如，上海市早在 2016 年的时候，就提出了课程思政的理念。知识传授与价值引导是课程思政的核心所在。价值引领具有明显的育人功能，因而它是显性教育的代表，而知识传授与之相比，其育人功能相对不是十分明显，故而被称为隐性教育。专业课与通识课是隐性教育的重要构成。虽然隐性教育与显性教育的育人功能在表现上有所差异，但这并不妨碍各自的育人功能。因而，在育人的实践中，只有隐性教育与显性教育的彼此协同，才能取得理想的育人效果。所以上海市制定了通识课的评价标准，制定了思想政治课的评价标准。依据这些评价标准，老师的选聘、教学内容的选择，都在一定程度上凸显了价值引领的功能。在 2018 年的时候，教育部部长陈宝生曾在讲话中强调："要啃下一批'硬骨头'，包括教师思政、课程思政、网络思政等，解决思政课和思想政治工作发展中的一些难题。"从陈宝生部长的讲话里，我们也可以明确一个这样的事实：课程思政本身就是协同。单纯的课程思政，若无老师思想的配合，若无网络思政的参与，也很难完成育人的重任。

其次，课程思政的理念是在协同中得到践行的。由理念到实践，关键是人的协同。对于课程思政而言，越来越多的一线教师和研究者，在自觉或不自觉的协同中推动着课程思政的向前发展。特别是在课程思政观念不断得到众人认可的前提下，很多人都在尝试着课程思政的实践。2016 年习总书记在高校思想政治工作会上作重要讲话，掀起了如何在课堂教学中融入思想政治教育思考的热潮。面对这一新的教育研究热点，我们发现，2014—2015 年间与"课程思政"相关的研究文献总量在 23 篇左右。到了 2016 年，这一结果达到了 56 篇之多。到了 2017 年后，与"课程思政"相关的文献数量就达到了 1412018 篇。数量上的增加，意味着研究内容的拓展。前期的课程思政研究多集中在上海、北京等地高校之中，研究的对象集中在课程思政的方法、经验的总结上。随着课程思政的深入发展，课程思政的相关研究，地域上突出了上海和北京，研究的内容也从某一学科中课程思政方法的研究，拓展到了课程思政队伍的建设问题上。尤其在 2018 年，各地的高校都旨在建设一批课程思政的示范课。这些示范课的出现，一方面表明课程思政由理念到实践的深入，另一方面也表明，在越来越多研究者的关注下，课程思政的相关研究不断地被深化。

课程思政的研究现状表明，课程思政的实施需要协同。这里不止是上海、北京这些高校与全国各地高校的协同，更是研究者与实践者之间的协同。及时地总结实施者所积累的经验并分享这些经验，无疑是推动课程思政快速发展的关键所在。与此同时，课程思政的实践已呈现出各学段的协同发展态势。从大学生教育到研究生教育，（从大学生教育教学到高中甚至是初中阶段的课程思政实践）都能证明这一观点。"课程思政已成为高校加强和改进学生思想政治工作的重要抓手，学历继续教育作为我国高等教育的重要组成部分，其课程思政工作须与全日制普通高等教育同向同行、同频共振。”[①]我国的学历教育是由三个层次构成的：专科教育、本科教育、研究生教育。其中，本科生教育最为突出，据不完全统计，我国每年毕业的本科生人数多达360万，涉及理、工、商、文、法、农、医、师和艺术等各个专业。这些人毕业后，要广泛地参与社会主义现代化的建设，他们的教育情况关系到祖国的发展。由此可见这些本科生的课程思政改革是多么的重要。从学历教育的层面上分析，本科生处于一个承上启下的位置，不仅会有越来越多的专科生升入本科院校继续求学，而且还会有越来越多的本科生考取研究生，继续深化自己的专业学习。基于这样的学历教育现状，本科生的课程思政虽为核心，但也不能去除专科生和研究生阶段的课程思政研究。因而穆卫军和毛燕梅等人开始关注学历教育中的课程思政问题。在反思学历教育实践的基础上，他们两人认为现在学历教育中的课程思政实践存在着如下的困境：高校对学历继续教育学生重视程度普遍不高、学历继续教育办学师资和办学资源有限、任课教师对学历继续教育课程思政的重要性认识不够、学历继续教育生源的复杂性加大了推行课程思政的难度。[②]分析引文可知，因部分高校对学历教育学生的课程思政重视度不高，因而导致了学历教育中课程思政的实践不能与其他学校的课程思政实践协同发展；再加之受其办学条件的限制，参与学历教育的一线教师也忽视了对这些学生的课程思政改革。故而使原本就相对复杂的学历教育里的课程思政实践更加复杂化了。然而，虽然学历教育中的课程思政相对难度较大，但是发现了这些问题就等于为解决这些问题创造了条件。即，当发现问题与解决问题实现彼此协同的时候，我们学历教育中的课程思政就等于有了解决的办法。

---

① 穆卫军，毛燕梅．新时代高校学历继续教育实施课程思政的路径探析［J］．继续教育研究，2020-12-25:14:25.

② 穆卫军，毛燕梅．新时代高校学历继续教育实施课程思政的路径探析［J］．继续教育研究，2020-12-25:14:25.

二、实践创新最重要

实践创新是理论协同的核心目的。任何一个理论的诞生其实都是实践创新的必然结果，与此同时，新理论对实践的指导也必然会体现出创新的特点。因而，如果把理论协同视为一种理论创新，那么与之相对应的实践创新也就诞生了。

（一）个性化学习的实践创新

个性化学习的实践创新可从两个层面上理解：一是指个性化学习理论参与思政的实践表现出了与传统思政教育完全不同的形式；二是指个性化学习理论的应用使我们的思政教育取得了与以往不同的教育效果。

1. 理论协同创新

个性化学习理论与学分制的协同运用就是一个典型的个案。

学分制是一种管理制度，这是《中国大百科全书》中的一个观点。在《教育大辞典》里，学分制被描述成“作为一种管理制度，学分制以学生学分数作为衡量其学习完成情况的基本依据，并据此进行相关管理”，在这一管理制度的运用中，如果学生修习课程合格，那么他就获取相应的学分。不同的课程被赋予了不同的学分数，但其分值相等。因而，当学生获取一定学分后，就意味着他完成了相应的学习任务。所以有人这样总结学分制：学分制是学生通过修读选修课程，取得该课程的学分，各学科学分相加得出的总学分数能够通过教学计划规定的学分就可以毕业，在学校的修学期限可以延长或者缩短的一种高校培养人才制度。从《教育大辞典》的描述中我们可以发现学分制的优势所在：

一是赋予大学生极大的选择权。因为每一科的学习都已有固定的学分，因而大学生自由地选择其学习的时间、学习的方式。二是在学分制下，学习者的耗时可以依据其自身的个性化学习能力的强弱自由掌控。因而它才会出现延长学习期限或缩短学习期限的现象。面对相同的规定，学习者若能准确规划自己的学习过程，完全有可能实现缩短学习年限，快速毕业的可能性。这本身就创新了人才的培养模式。当学分制与个性化学习协同后，这一特点更加得到了彰显：个性化学习已由对传统学习方式的补充逐渐演变成了提升学习效率与提升学习成绩的手段之一。它已不再是简单的外在学习方式，而是一种内在的学习心理的养成。因而，当大学生的学分制培养模式与个性化学习协同后，它就会体现出如下的特点：

首先，自主性与开放性的整合。自主性是个性化学习的特点，开放性是学分制的特点。当两者有机结合的时候，大学生的学习就具有了更大的自主性。当大学生由一个信息的获取主体变成了信息加工的主体后，他可以自由地选择适合自己的学习方式，自由地选择学习的时间、学习的内容，甚至是自主地掌握学习的进程。换而言之，在学分制的框架下，个性化学习可以为大学生构建一个随时可以学习的环境。当然这一开放的学习环境是由大学生自主构建的。

其次，学习过程的丰富性与学习成果的共享性。对于大学生而言，网络学习环境是其必然的构建。在网络上，他们可以结合自己的学习目的，搜索自己的学习内容并在这一过程中对所获取的信息进行加工处理。既有信息的获取体现，又有信息处理的收获。因而说其学习过程是丰富的。与此同时，学习的成果又被大学生们以不同的方式分享给其他的学习者。免费形式的共享，收获形式的分享，无论哪一种都能让其他的学习者受益。

最后，情趣化的学习与交互性的学习整合。在个性化的学习中，情趣化的特点得到了淋漓尽致地展现。无论是理论学习，还是实践参与，学习自身都充满了情趣。这是个性化学习与传统“填鸭式”教学完全不同的。由于学习者学习兴趣的驱使，学习者会在自己选择的学习过程中获取不一样的情感体验。这或许就是我们强调情境教学法的缘由所在。在思政教育中，在德育教育实践里，情感体验都是至关重要的。枯燥的诚信理论说教，远不及“曾子杀猪”的故事描绘效果明显；同样是“以和为贵”的教育实践，枯燥的理论学习，远不及列举“六尺巷”的故事所取得的效果明显。

2. 切入教改创新

与其他理论协同可以实现个性化学习理论创新，在理论的协同中完成对实践的指导也可以实现实践的创新。特别是后者，它更具教学价值与理论探讨意义。

个性化学习参与了思政教育，但个性化学习理论是如何切入思政教育中的呢？不同的操作者有不同的操作思路，不同的操作思路被付诸实践后又会取得不同的教育效果。在这样的实践中，最引人注目的莫过于在教学评价中引入“学生”这一评价主体。高校大学生的思政教育以培养符合中国特色社会主义现代化的建设者和接班人为根本目标。所以，在评价体系中，大学生的全面发展和全面进步理应成为评价标准。故在个性化学习视域下对高校思想政治教育进行评价时，既要考虑到思想政治教育的评价结果，又要考虑到思想政治的评价过程。① 这也就是说，在评价体系中引入“学生”这一评价主体。否则，被动式的评价，即由教师主体单一的评价不能反馈思想政治教育工作的具体情况。因而要在评价过程中，引入“学生”这一新的评价主体。不同的评价主体又有其参与评价实践的不同方式，当学生参与评价的时候，一种新的评价就诞生。因而说这是实践创新。

选择评价主体并非个性化学习参与思政实践的唯一的创新方式。它还可以通过其他的方式参与高校的思想政治实践。例如：嵌入式思想政治教育方法的诞生。思想政治教育过程是一个将存在于社会实践中的自我思想和观点嵌入社会的形态、制度和结构中的过程。这一过程体现出了思想政治教育的嵌入式特征和趋势。②在个性化的学习视角下，嵌入式的思想政治教育方法体现两个方面的优势：一是这一方法兼顾了大学生自身的个性化特点与个性化的行为模式。一句话概括，那就是嵌入法极大兼顾了学生的个性，包括其个性化的行为方式、个性化的学习方式等一切以个性化为核心的特点。二是嵌入式的方法兼顾了学习者的自由化选择。学生可以选择以师生交互的方式参与社会生活，接受思想政治教育也完全可以把网络作为媒介，通过网络参与社会生活。在接受媒体正确观点的同时，纠正自己的错误思想，校正自己的错误行为，从而完成思想政治教育。

在利用嵌入式思想政治教育方法这一创新方式进行思想政治教育的时

---

① 王畅 . 大学生思想政治教育保障机制的构建研究［D］. 辽宁师范大学，2007:32.

② 谷照亮 . 个性化学习视域下大学生思想政治教育创新研究［M］. 成都：四川大学出版社，2020:149.

候，我们一般需要关注如下几个问题：

第一，在个性化学习的课程开发环节要植入大学生思想政治教育的概念、原理信息。

第二，在个性化学习的目标制定环节植入大学生品质发展的差异化。

第三，在个性化学习方法的指导中植入大学生思想政治教育的方法论。

第四，在个性化学习的流程和个别化指导中植入大学生思想政治教育的内容与方法。[①]

引文在描述个性化学习理论参与思想政治教育，或者更确切地说是个性化学习理论与嵌入法协同的时候，也明确地说明了这一实践的创新所在。个性化学习理论下的课程开发与嵌入法的运用关联性不太强，可是为了实现两者的协同，课程的开发者就要有大学生的思政理念。否则，为个性化学习而开发的课程，不太可能适用于使用嵌入法的思想政治教育。同样，如果不能在个性化的目标制定中植入大学生的品质差异化的现状，嵌入法的运用也就不可能实现个性化学习的特点。有且只有当个性化的学习方法与大学生必备的思政方法论有机结合的时候，个性化视域下思想政治教育才有可能变为既成的事实。这就是实现创新参与下的思想政治的创新式发展。

（二）课程思政的实践创新

课程思政的实践创新前提是理论协同，而理论协同的结果又必然是实践上的创新。

1. 理论协同创新

课程思政是一种德育实践，但它在课程思政理论的观照下却表现为一种理论的协同。在课程思政理念诞生之初，有许多研究者都认为所谓的“课程思政”并不是增设一门新课程，而且大家都认为所谓的“课程思政”也不是一项新诞生的教学活动。所谓的“课程思政”其实就是把思想政治

① 谷照亮．个性化学习视域下大学生思想政治教育创新研究［M］．成都：四川大学出版社，2020:149–150.

的教育内容融入课程教学的各个环节之中。正如杜甫诗作所云“随风潜入夜，润物细无声”。如果把我们的德育教育比作一场及时雨的话，那么我们的育人应该是在悄然中完成的。因而，无论上边提到的隐性思政课程，还是显性思政课程，其最终的育人结果都应是在“知识传授与价值引领”的协同中完成。“知识传授与价值引领”的背后，其实是课程思政实践自身教育结构的多元化实践。知识传播有知识传播的专门理论指导，价值塑造有价值塑造的专门理论指导，即使是能力培养，它也有不同于知识传授与价值塑造的理论。当我们把割裂后的三者重新统一于课程思政实践的时候，我们的教育教学实践必然要在各种教育教学理念的协同指导下完成。这一点，从教育教学对象来分析，也是如此。课程思政完成价值塑造的方式与传统教育有所不同。它需要任课教师实质性介入学生个人生活现状并把解决其价值观构建中所遇到的许多问题融入日常的教学之中。学生个人的遭遇、现实生活发展中遇到的问题，教材里需要传播的知识与专业课要培养的技能，当这些所有的问题都整合到一起的时候，任何一个类型的教育教学理论都不可能解决这全部的问题。因而，教育教学的理论协同就显得尤为重要了。

作为一种教改实践，微课颇受任课老师们的青睐。微课理论与课程思政理念能否协同用于专业课、通识课中的思想政治教育实践呢？答案是肯定的。“微课”之“微”在强调授课的内容之少，强调授课的时间之短，然而，这并不意味着微课的思想政治教育价值的缺失。因而，微课可以参与课程思政实践。郁达夫的《沉沦》经常出现在现代文学考博试题中。如何才能让学生深入理解这部被称为“惊人的取材，大胆的描写而震惊了文坛”的小说呢？有的老师想到了微课。这位老师以微课的方式讲解了小说的取材特点，讲解了小说的描写方法，讲解了小说中的“忧郁”。若是没有介绍郁达夫曾说“我是一个真正的零余者”这样的微课，若是没有介绍沈雁冰在《创作的前途》一文中所讲“现代青年的烦闷已到了极点”的微课，若是没有介绍五四时期新青年“个人的苦闷感与对这份苦闷感的冲决，个人的寂寞感与摆脱寂寞的努力；个人对人生的思考与思考的突破”这样的精神历程微课的说明，那么学生是很难理解《沉沦》里的“忧郁”及其教育价值的，更不可能产生对小说文本的情感体验。因此说，课程思政的背后其实是教育教学理论的协同。

2. 协同切入创新

课程思政的实施需要一个科学的切入点，而这个切入点往往就是学生的现实生活需求。今年新冠肺炎疫情暴发后，借助互联网和5G技术的支持，线上教学成了各个学段教育教学的主要形式。在“录播+答疑”为主要形式的教育教学中，如何进行课程思政的尝试呢？这就成了每一位老师都着力思考的话题。线上教学与线下教学有所不同，在线上教学中，学生成了真正的学习主体，他们会依据自己的需要，独立自主地选择自己需要学习的课程。为了保证他们能够自由地学习，他们的学习终端需要一个安全的防护措施。如给自己的电脑加装防火墙，及时地给自己的电脑进行病毒查杀等。结合这样的教学实践，我就在自己的课程里开展了与“防火墙”有关的思想政治教育。由电脑的“防火墙”到国家的“防火墙”再到安全教育。如此依次递进的课程思政实践，既把德育教育由学生自己的生活引到了国家层面上的安全教育，又在循序渐进的分析中培养了学生的爱国情怀。运用学生需求进行思想政治教育，这就是创新。

课程思政的切入点，一是教学的需求，二是学生的学习需求。找准了前者就可以利用上述教学案例的方法进行思想政治教育，找准了后者，同样可以在个性化学习的视域下，进行思政教育。

例如，互感电路中一般有两个电感相互作用，有相互增强的时候，也有相互削弱的时候。据此就可以引导学生意识到在日常生活中彼此间良性互动的重要性。如果学生连互感电路知识的学习都不需要，他们又怎能从两个电感之间的相互作用里感悟到同学间良性互动的重要性呢？在讲授谐振电路的时候，如何避免串联谐振是非常重要的。然而，并不是所有的串联谐振都要避免。在诸多接收电路里还要应用串联谐振。这就让我们对串联谐振既担心又喜欢。引文中看似矛盾的现象能否用于思想政治教育呢？答案也是肯定的。它可以被用以培养学生辩证思维的品质。在现实生活中，既要有学习的压力，又不能被其压垮。这才是一个学生应有的品质。但是如果学生没有学习串联谐振的需求，那么我们的思想政治教育就要另寻媒介了。否则，为了思想政治教育而讲的串联谐振，学生不仅不会学明白，还极有可能会对辩证的思维产生抵触情绪，所以说切入后的创新更为重要。

第二章

追根溯源夯基础

为了实现个性化学习与课程思政的理论协同与实践创新，我们还需要对个性化学习理论与课程思政理念的实施历程进行详细的梳理，以期实现夯实探讨两者协同的实践基础的研究目的。

第一节 个性化学习的渊源与流变

在探讨个性化学习理论与课程思政理念协同之前，需要我们明确两个问题：一是个性化学习理论的渊源，二是个性化学习理论的流变。

（一）个性化学习理论的渊源

只有明确了个性化学习理论的诞生，才能探讨它的特点与运用问题。探讨个性化学习理论的渊源，首先要明确个性化学习理论的诞生基础。

马克思主义理论中关于人的自由全面发展理论是个性化学习理论的基本内核。马克思主义认为共产主义社会其实就是一个“自由人的联合体”，意即是一个“以每个人自由发展为一切人自由发展的条件的联合体。”① 据引文可知，人的发展过程应该与社会的发展历程保持一致。社会全面进步的同时，人也随之全面发展；人全面发展，社会也随之全面进步。何谓人的全面发展呢？答案很简单，那就是人与人之间的不同。从小处着眼，就是一个人的个性得到了极大的发展；从整体上看，就是所有的人都在自由与和谐中使自己的个性得到了充分地展现。对此也有研究者认为，人的全面发展其实是一个人各个方面的素质都在彼此的协调中得到了充分地发展。即，在当时的条件下，一个人尽可能实现个性化的发展。这一观点在胡锦涛同志的论述中得到了例证。胡锦涛同志曾在清华大学的演讲中着重强调

① 中共中央编译局．马克思恩格斯选集．第 1 卷［M］．北京：人民出版社，1995:294.

大学生全面发展要与他们的个性发展结合在一起。在共性的基础上，强调学生个性的彰显，从而才能保证每一个人都具有创造性。这也就是说，在建设创新型的国家中，创新型人才的培养，必须坚持以人为本的原则。而以人为本的落实则是要以个性的彰显为前提。只有在个性得到充分的发展的同时，人的共性才能得到保障。人如何使自己的个性得到充分展现呢？答案是唯一的，那就是个性化学习。依托个性化的学习，才能使学习者拥有的知识与众不同，才能使学习者分析问题与解决问题的能力与众不同，才能使学习者的个性得到彰显，学习者的独立性、能动性和创造性才能激发，从而才能实现学习者的人生价值。换而言之，个性化学习强调的是学习者个人特点而非学习者们的整体性，但这里的强调并非顾此失彼的单一强调，而是兼顾学习者们整体性的基础上，强化学习者个人的特点。否则，我们的学习过程就很难有效促进学习者独立人格的形成，很难有效构建学习者个人的世界观、价值观与人生观。

其次，马克思主义理论的缔造者马克思、恩格斯都对人的自由发展有过全面而详细的论述。在马克思、恩格斯的理论中，个性化的自由发展与全面的发展并不是矛盾的。他们认为：每个人的发展是一切人的自由发展的条件。只有每一个人的个性都得到了充分地展示，其他人的自由发展才能成为可能。即，人的自由发展不仅不排斥每个人的自由发展，而且还要以每个人的自由发展为前提。马克思和恩格斯曾说："在共产主义社会中，即在个人的独创的和自由的发展不再是一句空话的唯一的社会中，这种发展正是取决于个人间的联系，而这种联系部分地表现在经济前提中，部分地表现在一切人自由发展的必要的团结一致中，最后表现在以当时的生产力为基础的个人多种多样的活动方式中。"① 分析引文可知，共产主义社会里，人的个性化发展是至关重要的。虽然我们现在的社会还不是共产主义社会，但这并不影响我们对人的个性发展与全面发展之间关系的正确理解，所以我们强调个性化学习。

在马克思主义中国化的历程中，我国许多领导人都对人的全面发展有

① 中共中央编译局．德意志意识形态．节选本［M］．北京：人民出版社，2002:1036.

过详细的论述。毛泽东关于人的全面发展是这样论述的："要他们在'德、智、体、美'四个方面全面发展。随后，毛泽东撰写《工作方法六十条（草案）》提出了'又红又专'，其中的'红'就是一个人应当具有的政治素养，'专'就是一个人应当具有的专业素质。毛泽东指出，'德育是灵魂'，并把'德'排在'德、智、体、美'的第一位。这也正是对他提出'又红又专'的验证。"[①]这段引文告诉我们，人的全面发展应该体现在德、智、体、美四个方面，尽管这四个方面又被浓缩成了"又红又专"，但其中的"红"仍然是一个人的德育素养，"专"仍然是一个人的业务素养。由此可见，在人的全面发展中，德育素养与专业知识并重才是人的全面发展的核心内容。

在毛泽东之后，邓小平同志又对人的全面发展进行了全新论述。在邓小平看来，人的全面发展应该是这样的："四有新人"是人的全面发展目标。邓小平在1985年召开的全国共青团思想政治教育工作会议上指出，我们进行的目的就是通过实践，培养出一批有理想、有道德、有文化、有纪律的"四有"新人，同时还尤其强调了其中理想和纪律的重要意义，认为"我们这么大一个国家，怎样才能团结起来、组织起来呢？一靠理想，二靠纪律。"[②]在邓小平的论述中，人的全面发展内涵被表述为"四有"。把其与毛泽东的论述相比较可知，"德"被传承下来了。与此同时，邓小平用"文化"一词强调毛泽东关于人的全面发展中的"专"。

邓小平之后，江泽民认为人的全面发展要与社会的物质文化的发展同步。两者之间具有正比例关系。人的发展可以促进社会物质文化的进步；社会物质文化的进步同样也为人的全面发展创造了条件。基于这样的认识，他认为人的全面发展应该是这样的：要把我们整个民族的思想道德、科学文化以及身体健康三大素质进行提高，进而使我们能够全面发展。[③]引文

---

① 边彦军，王莉，倪花．毛泽东邓小平江泽民论教育［M］．北京：中央文献出版社，2002:14.

② 邓小平．邓小平文选．第三卷［M］．北京：人民出版社，1993:111.

③ 江泽民．江泽民文选．第三卷［M］．北京：人民出版社，2006:514.

分析了人的全面发展与社会物质文化进步之间的关系。在此基础上，江泽民又这样论述人的全面发展思想：不唯本本，与时俱进，不守教条，不断地理论创新、体制创新、科技创新。[①]从引文中可知，“创新”一词已被纳入了全面发展之中。创新体现在哪些方面，如何才能创新呢？引文也给出了答案。即“与时俱进”“不唯本本”“不守教条”。只有与时俱进，才能不唯本本，只有不唯本本，才能做到不守教条。由于审视视角的不同，不同人对这句话有不同的理解。在德育教育中，课程思政理念的出现就是如此。把不同的学科教学作为德育教育的媒介，然后再依据学科的特点，采取不同的德育教育方法，这本身就是德育的与时俱进。这种由思政课程到课程思政的转变，本身就是不守传统德育的教条。

继江泽民之后，胡锦涛也对人的全面发展问题进行了深入的解析。胡锦涛的观点主要体现在其以人为本的教育思想上。“以人为本”是全新的发展观，之所以这样说，是因为在传统的发展观中，大家关注的焦点集中在经济上，强调的是经济的快速发展。很少有人关注我们自身的发展问题。因而，也有人说传统的发展观是“见物不见人”。人的生活需要“物”的满足，但“物”的满足却不是人的唯一需求。在传统文化中，很多学者都非常关注“人”的问题。强化教化的作用，强调人的主观能动性，这才是科学的发展观。在经济的发展中，关注人的根本利益，关注最广大人民群众的需求，这才是以人为本的治国之策。以人为本的科学内涵需要从两个方面来把握。首先是“人”这个概念。“人”在哲学上常常和两个东西相对，一个是神一个是物，人是相对于神和物而言的。因此，提出以人为本，要么是相对于以神为本，要么是相对于以物为本。大致说来，西方早期的人本思想主要是针对以神为本的思想，主张用人性反对神性，用人权反对神权，强调把人的价值放到首位。中国历史上的人本思想主要是强调人贵于物，“天生万物，唯人为贵”。在现代社会，无论是西方还是中国，作为一种发展观，人本思想都主要是相对于物本思想而提出来的。其次是“本”

① 江泽民. 在庆祝中国共产党成立八十周年大会上的讲话 [M]. 北京：人民出版社，2001:131.

这个概念。“本”在哲学上可以有两种理解，一种是世界的本原，一种是事物的“根本”。以人为本的本，不是“本原”的本，是“根本”的“本”，它与“末”相对。以人为本就是说，与神、与物相比，人更重要、是本，不能本末倒置，不能舍本求末。①从引文可知人本思想的提出背景。结合这样的背景更能让读者明确一个这样的事实，即人本思想与物本思想或者说神本思想相对应的理念。这也就是江泽民同志所说的“与时俱进”“不唯本本”。理论的创新，势必带来实践的进步。当我们把关注的焦点集中到人的全面发展，或者说在与时俱进的视角下审视人的发展问题时，我们就会发现引文作者所说的另一个事实。即“以人为本”之“本”其实就是“根本”之“本”。因此，我们在明确了这样的事实后才能不舍本求末。

“以人为本”的思想在习近平总书记关于教育重要论述中得到了更为与时俱进的阐释。在习近平总书记看来，学习是唯一能够促进人之自身发展的途径。为此他建议我们要来一场“学习革命”。在这种学习革命中，学习者应该明确四个方面的问题：为何学？为谁学？学什么？怎样学？“为何学？”其实是明确自己的学习需求；“为谁学”意在获取学习的动力，以期能够完成全部的学习过程；“学什么”旨在明确学习的对象或者说是明确学习的内容；“怎样学”是对学习方法的明确，主张学习者构建一个适合自己的学习方法体系。正所谓“工欲善其事，必先利其器”，只有掌握了适合自己的学习方法，我们的学习效果才能得到提升，才能真正达到习近平总书记在《之江新语》中向我们提出的要求：“我们一定要强化活到老、学到老的思想主动来一场‘学习的革命’，切实把外在的要求转化为内在的自觉，让学习成为自己的一种兴趣、一种习惯、一种精神需要、一种生活方式。”在终生的学习实践中，只有把因时代发展，社会进步而诞生的学习需求转化成学习的内在动力，终生学习才能得以坚持下去。只有把这学习坚持下去，我们的学习才能成为一种兴趣、一种习惯，继而再演变成为一种需求，一种与时俱进的生活方式。

---

① 谷照亮．个性化学习视域下大学生思想政治教育创新研究［M］．成都：四川大学出版社，2020:39.

学习需求的产生源自时代的发展。因而，在为实现中华民族伟大复兴而前进的征途中，习近平总书记适时提出了“四个全面”的发展理念，才又在践行“一带一路”发展思路的过程中，提出了精准扶贫的举措。从“大水漫灌”到“精确滴灌”的扶贫实践，它奠定的不只是人的全面发展所需要的物质基础，更是夯实了人的全面发展理论基础。所以，习近平总书记强调“一定要坚持从维护广大人民根本利益的高度，多谋民生之利，多解民生之忧”。

（二）个性化学习理论的流变

个性化学习理论的发展经历了怎样的流变呢？这也是一个重要的问题。个性化学习理论的流变可以结合我国的教育史进行解析，也可以参照国外教育史的发展进行归纳。

1. 国内个性化学习的渊源与流变

首先，我国教育发展史上的个性化学习理论。个性化学习理论的诞生可以追溯到儒家的教育教学。尤其在孔子的教育实践中，个性化学习理论就已萌芽。

在传统的教育实践中，教与学是统一的。如何教就意味着如何学。众所周知的“因材施教”其实就是个性化学习。孔子的“因材施教”表现为教学内容的选择，教学方法的确定。教学的前提是了解学生的个性化差异。一是学习需求的差异，二是学习能力的差异，三是学习方法的差异。因而孔子主张对学生要“听其言而观其行”。这是一种由现象到本质的思维过程。依据对学生言行的判断，确定他的学习需求，改革自己的教学方法，以教与学的最大化进行整合。依据学生的智力水平，孔子把自己的学生分成三类：上智、中人、下智。所谓的“上智”是指以颜回为代表的“闻一而知十者”；“中人”是指子贡等人。虽然子贡不能像颜回那样“闻一知十”，但其“闻一知二”的水平也足以让老师感到欣慰。如果教学中不能区分“闻一知二”与“闻一知十”，那么我们的高效课堂就无法实现。因材施教在运用的过程中，它可以简单地体现为教学案例的选择上。面对同样的教学话题，同一个老师会选择不同的案例教学。同样是问“君子”，孔子为子贡、司马牛和子路给出三种不同的答案。其原文如下：

（子贡问君子）子曰："先行其言，而后从之。"（《论语·为政》）

（司马牛问君子）子曰："君子不忧不惧。"曰："不忧不惧，斯谓之君子已乎？"子曰："内省不疚，夫何忧何惧？"（《论语·颜渊》）

（子路问君子）子曰："修己以敬。"曰："如斯而已乎？"曰："修己以安人。"曰："如斯而已乎？"曰："修己以安百姓。修己以安百姓，尧舜其犹病诸。"（《论语·宪问》）

为什么会有如此不同的答案呢？原来是因为三个人的性格有所不同。子贡口才好，善于言说，所以孔子告诉他的答案是要践行自己所说的话。即，"言行一致"才是君子。司马牛与子贡不同，他多愁善感。多愁就是有所忧，就是有所畏惧。所以孔子干脆告诉他，只有不忧不惧才能成为君子。子路与子贡、司马牛又有所不同，他是一个直性率真的人，敢于言人所不敢言。于是孔子告诉他只有"修己以敬"才可以。与其说孔子在这里是为自己的学生讲解什么是"君子"的内涵，倒不如说孔子是在向弟子们传授成为君子的方法。

孔子在教学中多次采用了因材施教的教学方法，不止是弟子们问"君子"的时候。当弟子们"问政""问礼"的时候也同样采用了因材施教的方法。

知识的传播可以因材施教那是因为学习者各自的学习需求有所差异。这就正如好说的子贡，他需要的是说与做的统一；这就正如多愁善感的司马牛需要控制自己的情绪，率真的子路需要修己一样。只有满足了自己的学习需求，我们的学习才会产生作用。在学习需求的刺激下，学习者就会产生不同的学习兴趣。"知者乐水，仁者乐山；知者动，仁者静"之语的背后是教学者对学习者学习需求的分析，是对其学习兴趣的培养。经商者的学习兴趣与好政者的学习兴趣是完全不一样的，因此才有了孔子教学中言语、政事、文学等差异化的传道授业。

孟子发展了孔子的因材施教思想。或许是受孟母三迁的影响，孟子非常关注学习环境对学习者的影响。对于处于不同学习环境中的人，要选择不同的教育方法。因而他也把自己的学习分成了多个类型。针对不同类型的学生，有的需要强调德行，有的需要发展才智……

在某种程度上，因材施教其实是知行合一的代名词。这里的“知”首先是教者对学习者的了解，其次是学习者对自己的了解。孔子在告诉子贡等人如何成为君子之路径的同时，也在潜移默化中让他们领悟到了自己的优势与不足。只有真实地了解了自己，才能“择善而从”，才能“见贤思齐”。否则，即使是“三人同行”也未必能够发现自己应该师从何人。因而，儒家思想特别强调“学而不思则罔，思而不学则殆”的作用。到了孟子的时代，他把孔子的教学理念又细化成了“博学之，审问之，慎思之，明辨之，笃行之”。其实这也是“知行合一”教学思想的精髓所在。

“知者乐水，仁者乐山；知者动，仁者静”意即不同的学生有其不同的爱好。不同爱好的学生又需要有不同的培养方法。于是孔子根据弟子们的不同兴趣爱好分别以“文、行、忠、信”四个方面的教学内容，使其各自的特长都得到充分培养。

孟子也非常强调因材施教，强调教学方式的变化。孟子认为：因为学习环境的不同，所以人的发展会不同，教育要根据学生的特点和所处的不同环境分别给予不同的教育方法。孟子把学生分为五种类型，有的只要点化一下，有的重在德行修养，有的需要发展才智……

在《孟子》一书中，曾有一则这样的文章受到历代读者的青睐：

> 舜发于畎亩之中，傅说举于版筑之间，胶鬲举于鱼盐之中，管夷吾举于士，孙叔敖举于海，百里奚举于市。故天将降大任于斯人也，必先苦其心志，劳其筋骨，饿其体肤，空乏其身，行拂乱其所为，所以动心忍性，曾益其所不能。人恒过，然后能改，困于心，衡于虑，而后作；征于色，发于声，而后喻。入则无法家拂士，出则无敌国外患者，国恒亡，然后知生于忧患而死于安乐也。

这段文章很短，但它却是一篇体现孟子因材施教思想的经典例文。为了让读者理解“生于忧患，死于安乐”的这个观点，孟子在开篇处列举了六位历史名人。舜、傅说、胶鬲等六位贤人，他们虽出身卑微，但最终都能有所成就。如此悬殊的反差让我们不得不怀着一颗探究的心读下去。原来这就是我们今天所说的“不经历风雨怎能见彩虹”，这就是古人所言的“宝剑锋从磨砺出，梅花香自苦寒来”。从另一个方面讲，孟子所选的成功个案，等于为从事不同的职业者树立起了奋斗的信心。一个农民可以成为贤君，一位鱼贩可以被选拔，甚至就连管夷吾这位囚犯都能有所作为，足见孟子的论据选择之用心良苦。

孟子的因材施教思想又被后世的大儒们不断地发展、深化。王夫之就曾有“学愈博则思愈远”的观点。他在强调学与思的关系的同时，也把学与思之间的相互影响阐释得淋漓尽致。学博才能思远，思远又能学博，这不就是“学而不思则罔，思而不学则殆”的升级版吗？孔子只讲出了学与思的关系，到了王夫之这里，学与思的关系就更加明确了。

其次，个性化学习理论的发展：“学不可以已”学习观的诞生。“学不可以已”是荀子的观点，它与孔子的个性化学习是同质的。“学不可以已”的观点是《劝学》一文的中心论点，现将其原文节选如下：

君子曰：学不可以已。青，取之于蓝而青于蓝；冰，水为之而寒于水。木直中绳，𫐓以为轮，其曲中规；虽有槁暴，不复挺者，𫐓使之然也。故木受绳则直，金就砺则利，君子博学而日参省乎己，则知明而行无过矣。

吾尝终日而思矣，不如须臾之所学也；吾尝跂而望矣，不如登高之博见也。登高而招，臂非加长也，而见者远；顺风而呼，声非加疾也，而闻者彰。假舆马者，非利足也，而致千里；假舟楫者，非能水也，而绝江河。君子生非异也，善假于物也。

积土成山，风雨兴焉；积水成渊，蛟龙生焉；积善成德，而神明自得，圣心备焉。故不积跬步，无以至千里；不积小流，无以成江海。骐骥一跃，不能十步；驽马十驾，功在不舍。锲而舍之，朽木不折；锲而不舍，金石可镂。蚓无爪牙之利，筋骨之强，上食埃土，下饮黄泉，用心一也。蟹六跪而二螯，非蛇鳝之穴无可寄托者，用心躁也。

荀子在开篇处即提出了自己的观点：学不可以已。“学不可以已”这句话需要我们从两个层面上理解：一是对个人来讲，我们学习不能半途而废，二是对我们整个人类发展来说，我们的学习要一代一代地传承下去，也不能中断。为了证明学习不可以已的观点，作者选择了两个颇为耐人寻味的例子：青出于蓝，冰寒于水。这两个案例说明事物在运动中可以使自身的性质得到改变的同时，也在告诉读者学习可以提升自己，发展自己，改变自己。继而又在文中列举了两个案例：木受绳则直，金就砺则利。木之所以受绳才能直，那是因为它与金有所不同；金之所以就砺则利，那是因为金与木也有所不同。如果把“受绳”与“就砺”理解为“学习”，那么木之所以能直，金之所以能利的背后，其实强调的就是“个性化学习”的重要性了。

在下一段引文里，作者仍然运用开篇明义的方法，提出的观点是：吾尝终日而思矣，不如须臾之所学也。因思而废学，这是不可取的。所以要学与思合。深究“君子”有异于常人的原因可知，君子之所以为君子，那是因为“善假于物也”。“善假于物也”其实就是利用客观条件进行学习。若不是能够充分利用自己的客观条件，通过学习来提升自己，“君子”也就不会成为“君子”了。

下一段的主要内容与学习态度密切相关。在强调学习态度的过程中，荀子强调的是积累。“积土成山”“积水成渊”这两个事例，表面看是强调积累，实质这种积累的背后是作者对个性化学习的思考。若想要获取“山”的结果，我们必须重视“土”的积累；同样，若想要获取“渊”的结果，我们必须重视“水”的积累。然而，“土”与“水”是完全不同的事物，它们的积累需要不同的方法，这就等于作者在向我们暗示个性化学习的重要性。

基于上述的分析，我们就有理由可以断定荀子在讲“学不可以已”的同时，他也在强调个性化学习的重要性。

最后，个性化学习，由理念成为现实。个性化学习由理念变成现实的标志可以总结如下：一是平等师生观念的形成。个性化学习需要平等师生观的支撑，只有当老师与学生在教学中处于一个相对平等的地位时，老师才能真正了解学生的需求，学生才能明确表达自己的诉求。否则，当老师所传之道不是学生的所学之道时，当老师所授之业与学生的需求不符之际，当老师要解之惑并不是学生的学习之惑时，那么这样的教学完全是徒劳的。因此，构建一个平等的师生关系尤为重要。亲其师信其道的背后，其实是师生和谐关系的强调。

二是教学相长成为现实。教学的过程，其实是师生彼此间的相互成长、相互沟通、相互启发、相互补充的实践。只有师生之间才能实现知识的共享与共同的进步。无论是知识的传授，还是品德修养的提升，都存在着教学相长的事实。在我们都读过的《学记》里，作者就曾对教学相长的问题有过专门的论述。这主要体现在文中的第四个内容上，即“摩”这一部分的叙述上。“摩”其实就是“相观而善”的意思。即强调师生之间的相互切磋与琢磨。切磋与琢磨的过程，其实也就是取长补短的过程。面对相同的教学话题，师生间的争鸣与讨论，不只是学生学习的过程，其实也是老师借助师生集体的力量提升自己的过程。这就正如“孤陋寡闻”一词所讲的那样，当一个人脱离了集体后，他的知识才能、学识的提升都会受到影响。所以师生都要“择善而从”。有且只有在“择善而从”的过程中才能共同提高。

很明显，教学相长强调的是师生间的相互提升，但从“三人行，必有吾师焉”来看，这里的“师”应该是指向那些可以为自己学习提供帮助的人，并非狭义上的“老师”。这时，我们就应该强调交友的重要性了。否则，就会产生《学记》中所言的“燕朋逆其师”“燕辟废其学”的现象了。

为了让后人接受教学相长的观点，孔子说“后生可畏，焉知来者不如今也”，韩愈在《师说》中这样讲：“弟子不必不如师，师不必贤于弟子，闻道有先后，术业有专攻，如是而已”，王守仁又指出：“使吾而是也因得以明其是；吾而非也，因得以去其非，盖教学相长也。”①分析上边的引文可知，孔子与韩愈的话都意在强调“老师”会有不如“学生”的现实，而王守仁的话则在此基础上，重点阐释了教学相长对老师自身成长的影响。这

① 谭咏梅，论“教学相长”涵义的历史演变［D］. 长沙：湖南师范大学，2005:33-43.

也就是说，学习不是一蹴而就的事情，它需要我们不断地向他人学习。而如何学习，学习什么，这又表明教学相长阐释的个性化学习的理念。

2. 国外个性化学习的渊源与流变

作为一种教育共识，个性化学习理念并非国内教育界的专有理论。它也受到国外教育者的阐释与发展。

首先，建构主义对个性化学习理念强调。建构主义是认知心理学发展的必然结果，受其影响，各高校纷纷抛弃传统的教学方式。建构主义的奠基者是苏联的心理学家维果茨基和瑞士著名心理学家皮亚杰。特别是前者，维果茨基通过研究发现，在现代教学中，众人无视动物行为和人的心理活动间的本质区别。在此基础上，维果茨基创立了被心理学界广泛接受的“内化说”。维果茨基总结出了两个堪称“社会建构主义”的心理规律：人的高级心理机能是在人们的协同活动中构建的；人的高级心理机能必须在人的外部活动中构建。这两条规律告诉我们，人的高级心理机能，表面看是个人的，同时它也是社会的。皮亚杰发展了维果茨基的观点，他认为人类认知结构的图式及其对外界刺激的同化作用都是在后天活动中发生和发展的。他认为儿童的认知结构与成人的认知结构还有所不同，在实验的基础上，皮亚杰把心理学研究中的静态的结构主义发展为动态的建构主义。即在学习中，以学生为中心，强调学生对知识的主动探索、主动发现和对所学知识意义的主动建构（而不是像传统教学那样，只是把知识从教师头脑中传送到学生的笔记本上）；学习不是由教师把知识简单地传递给学生，而是由学生自己建构知识的过程；学生不是简单被动地接收信息而是主动地建构知识，这种建构是无法由他人来代替的；不仅强调对学习者个性的尊重，而且强调对学习对象的不同特点的区分和把握，为他们设计个性化的学习方式。[①] 由静态的建构到动态的建构，其背后的发展意义重大。在这一过程中，老师与学生的角色发生转化，学习的方式出现了本质的变化。正如作者所言，这是对学习者个性的强调，也是对学习者个性化学习方式

① 俞静，甘仞初．基于建构主义的CSCW个性化的网络学习模型［J］．计算机科学．2005，32（7）:245–248.

的肯定。师生角色的转化，意味着学习者对学习资料的共享式获取，意味着彼此间的沟通成了一种新的学习方式。所以，依据建构主义的理论，我们的教学要设计教学情境，要在师生、生生的合作与对话中，完成意义上的建构。从这点上看，建构主义关注的焦点在于个性化学习实践的发生。

其次，人本主义对个性化学习理念的助推。虽然建构主义强调了个性化学习的重要性，但个性化学习由理念成为现实还需要借助其他与时俱进教学理论的助推。这个时候，人本主义的教育理论便进入了我们的研究视野。人本主义心理学的兴起是20世纪的一件大事。它与程序教学、学科结构运动是齐名的三大教学事件。人本主义心理学的代表人物是马斯洛和罗杰斯。在人本主义看来教育应该成为自我完善的根本途径，学习的关键是使学习者获取知识的同时，能够充分地认识自我，这就使人本主义与个性化学习理论产生了紧密的联系。在这里，“认识自我”就是明确自己的学习需求，知晓学习的方法，而这又正是个性化学习者必备的素质。正是在这样的联系中，让我们看到了人本主义对学习者个性的强调。因而，在人本主义的视域下，学习者（学生）成了学习的中心，教师已不再像传统教学中那样对学生进行严格的管束，而是让学习者有自我选择、发现学习需求的权利。因此说在人本主义指导下的学习实践里，学生的个性得到前所未有的彰显。同时也正是这样的个性彰显，才让学习者在学习的整个过程中都能处于一个最佳的状态。在罗杰斯的研究中，他发现只有情感的培养方式与知情合一的方式，才能培养出一个理想状态的“完人”。为了达到这样的目的，我们教育应该关注的是学习的过程而不是学习的内容，关注的是学习目标的促成而不是让学生去学习毫无兴趣的内容。

作为一种由建构主义发展而来的心理学理论，人本主义很显然继承了建构主义的精髓。即自主学习、合作学习、知识与方法的建构等。但人本主义却似乎又更加强调个人的发展。很明显在个人发展的层面上，人本主义有建构主义所不能及的优势。正是凭借这种优势，在人本主义的指导下，学习者的潜能得到了开发，并在此基础上学习者的创造性得到了培养，学习的创新成了可能。

再次，多元智能理论的参与使个性化学习成了可能。在传统的教学中，学生往往会被人为地分为三六九等。这种现象在多元智能理论看来往往是错误的。或者更确切地说，人的智力是多元的。一个学习者的智力优势往往体现在某一个方面，不可能在各个方面都体现出优于他人的智力。在加德纳看来，学习者的智力可分为言语 / 语言智力、逻辑 / 数学智力、音乐 / 节奏智力、身体 / 运动智力、人际交往智力等多种类型。所以从某种程度上讲，多元智能理论比以往的教育教学理论更加关注学习者间的个性差别。正是因为教学者的个性差异的存在，所以只用相同或相似的教学方法，教学相同或相似的教学内容，那么肯定就会使教学效果出现两极分化：一类智力适合者，可能会成为最大的受益者，另一类智力不适者，可能就会成为最大的受害者。所以，我们的教育要讲究方法的选择，强调因材施教。换而言之，教学方法的选择与因材施教的实现，其实与对学习者个性化的培养是完全一致的。只有扬长避短，才能让学习者学有所成，才能让学习者的潜能得到开发，而这又恰是个性化学习所强调的。

第二节　课程思政的历程与嬗变

与个性化学习一样，课程思政由理念变成现实也有其自身的发展历程，也有其嬗变的过程。

（一）课程思政的诞生

在分析课程思政理念的诞生问题时，我们要重点关注如下几个问题：课程思政诞生的时代需求、课程思政理念诞生的时代背景以及课程思政的实践背景。

1. 构建生态德育系统的需要

课程思政理念诞生的时代背景归结为育人环境的复杂化。为了应对育人环境的复杂化，曾有研究者对大学生德育生态系统的构建问题进行了深入地阐释。大学生德育生态系统作为一个有一定功能和组织结构的系统整体，强调了系统内部德育主体、德育客体、德育介体、德育环体之间的相互影响和作用，是大学生德育实践活动中对德育客体的道德观点、道德理念、道德规范、道德行为起着影响的各个系统和系统内诸要素之间联系及其结构的总和。大学生德育生态是动态发展的，通过系统的自我调节实现平衡，并推动系统不断演化和发展。[①]据引文可知，在大学生的德育教育系统中，在德育主体、德育客体、德育介体、德育环体彼此间的相互影响下，

① 曲长海．大学生德育生态系统研究［D］．东北林业大学，2019:25.

我们的德育教育才能取得 1+1 ＞ 2 的效果。为了构建一个这样的德育系统，我们的德育教育要被分解到各学科的教学实践之中。只有充分利用各学科教学中的德育主体、德育客体、德育介体、德育环体，我们的三育人重任才能实现。所以，我们的思想政治教育要由思政课程向课程思政转化。如此的转化同时也说明，构建大学生德育生态系统与优化这一生态系统同样重要。如何才能优化针对大学生德育的生态系统呢？曲长海也在文中给出了这样的建议：坚持以学生为中心的理念、秉承创新共享理念、树立协同创新理念。[①]曲长海给出的建议与个性化学习理论相关，也与课程思政理念相连。“坚持以学生为中心”其实就是运用马克思主义理念体系关于人本质研究的结论，全面发展理念的时代要求，整合一切德育资源，促进大学德育生态系统的健康发展。以“立德树人”为中心，就是从生存层面上，思考人之发展的需求，满足人之全面的发展需要。学生既是构建大学生德育生态系统的出发点，又是优化大学生德育生态系统的落脚点——从出发点到落脚点，其中的重点就是个性化学习。因为在这一过程中，老师们要引导学生从自我认知过渡到自我完善然后再发展到自我调控继而实现自我发展的德育教育目的。这里提及的四个“自我”其实就是对学生个性的强调。

“秉承创新共享”的建议同样也事关个性化学习。“创新是一个民族进步的灵魂，是一个国家兴旺发达的不竭动力，也是中华民族最深沉的民族真赋。”[②]可见创新的重要性。既然创新对社会发展有着如此重要的作用，那么我们就应该思考创新的主体，思考创新的方式与途径。众所周知，人是创新的主体。但并非所有人都能实现创新。因为，只有那些运用新方法、新思路解决新问题的人，才能成为创新的主体。所以，我们强调个性化学习；创新的途径是多种多样的。用新的理念解决问题是创新，运用新的方法解决问题也是创新。在创新的过程中，创新主体需要共享他人的研究成果完成自己的创新实践，而完成了的创新实践又会成为一种新的共享成果，在他人的创新中起到积极的作用。因而，创新共享又表现为学生个人素养

① 曲长海 . 大学生德育生态系统研究［D］. 东北林业大学，2019:25.

② 中央文献研究室、中国外文局 . 习近平谈治国理政［M］. 北京：外文出版社，2014:59.

的提升与全面发展的协同。

“树立协同创新”理念的背后就是课程思政的实践。“协同”是指学习资源的共享，是指教师间的彼此协作，也是学生间的共同发展。当学校的思想政治教育由思政课教师的责任演化成全体各学科教师责任的时候，教师与教师间的协同就诞生了；当知识的传授与思想政治教育彼此同步的时候，三全育人的目标就实现了；当高校德育主体的教学实践满足德育客体成长需求的时候，我们的思想政治教育效果就提升了。

2. 课程思政诞生的时代背景

课程思政诞生的时代背景可以归结为思政课程到课程思政的转化。在中国的教育史上，思想政治教育经历了由思政课程到课程思政的转化。对此有研究者进行了这样的总结：总体来看，从新中国成立后的“政治与思想教育”发展到当前的“课程思政”，大致经历了三个阶段。即，从政治与思想教育到思想政治工作；从思想政治工作到德育、学科德育；从学科德育到课程思政。①据引文可知，在思政课程到课程思政的演变中，学科德育处于一个承上启下的关键位置。

首先，政治与思想教育的强调到思想政治工作的形成。随着人才培养环境的复杂化，思想政治教育的主体和教育内容的载体以及思想政治教育的立足点和导向性都在悄然发生着变化。在中国第一次全国教育工作会议上，钱俊瑞就曾提出把“政治与思想教育”作为教育工作的重点，继而他又提出思想教育的主要目的就是逐步建立革命的人生观。为了实现这样的教育目的，我们的思想政治工作得到一线教师和管理者们的高度重视。引导学生建立革命的人生观，这是一项与时俱进的教育实践。随着1956年社会主义改造的基本完成，依据《中共中央、国务院关于教育工作的指示》的要求，此时高校的思想政治教育工作重点已转移到“党的教育工作方针，是教育为无产阶级政治服务，教育与生产劳动相结合”上来了。这里的思想政治工作，强调的是为无产阶级政治服务；教育的实践重视的是与生产劳动相结合。据此可知，此时的教育特点是引文作者所强调的政治与思想

---

① 陈华栋等．课程思政：从理念到实践［M］．上海：上海交通大学出版社，2020.06:20–25.

教育。这一教育历程大约持续到了20世纪60年代。1964年的《中共中央宣传部、高等教育部党组、教育部临时党组关于改进高等学校、中等学校思想政治理论课的意见》发布后“思想政治工作”的说法得到了确立。

其次，学科德育——课程思政的思想萌芽。在20世纪60年代，思想政治工作得到前所未有的强调。随着改革开放对高等教育的影响，思想政治教育开始强调“思想政治工作要多方协作”的思想。这就为思想政治工作融入学科教学之中提供了可能。同时，思想政治教育的载体也得到了拓展。学科德育意味着在不同的学科教学中融入德育教育，与我们现在的课程思政思想有许多相似之处。学科德育的思想是毛泽东教育思想的与时俱进。毛泽东曾强调我们的教育应使受教育者在德育、智育、体育、美育等几方面全面发展。把思想政治教育融入学科教育之中，正好实现了毛泽东的教育思想。与此同时，学科德育可视为思想政治工作的与时俱进。1978年，教育部曾发文强调马列主义理论课要融入形势教育、劳动教育之中。德育教育或者说思想政治工作融入学科教育之中，并不是取代学科教学的特点而是各有侧重。这就意味着，思想政治教育与学科教育之间处于一个彼此不能相互取代的实践之中。在学科知识的传授中，进行思想政治教育；在思想教育的过程中，完成学科教学，成了这一时期思想教育的重要特点。每一学科都应进行德育教育，但在实现德育教育的同时又要完成学科教育的任务。2000年颁布的《关于适应新形势进一步加强和改进中学德育工作的意见》中就有“德育寓于各学科教学之中，贯穿于教育教学各个环节”这样的表述。这两句话有一个共同的信息：德育要融入学科教学之中。如果说前半句的表述着眼于宏观层面上，那么后半句中的“贯穿于教育教学的各个环节”，就是从微观上保证德育能够融入学科教学之中。在这样指导思想的影响下，学科德育实践就出现了。

学科德育的实践，其实是协同思想政治教育的开端。即，协同各学科教学提升德育的教学效果。从这个意义上讲，作为一种教育教学改革，学科德育的形成在思想政治教育的历史上具有承上启下的作用。

最后，课程思政——协同视角下的思想政治教育。在2005年《中共中央宣传部、教育部关于进一步加强高等学校思想政治理论课教师队伍建设的意见》中指出：要切实改进高等学校思想政治理论课教育教学的方式和方法，以生动鲜活的事例、新颖活泼的形式、活跃的气氛，启发学生思考，增加教学效果。文件要求改进高校思想政治理论课的方式和方法，要求思想政治教育要与教学改革融为一体。这样，教学形式的改变、教学方法的更新，其每一项都可以被视为教学改革，在这份指导意见中，教学形式与教学方法被有机整合到了一起。与此同时，把“生动鲜活的事例”作为思想政治理论课的教学案例，这又涉及课程开发的问题，或者说思想政治理论课传统资源的现代转化。“鲜活的事例”可以从多个层面上理解，一是指那些能够引发学生讨论兴趣的教学案例；二是可以帮助学生深入理解理论内容的案例；三是在学生运用理论解决实践问题中，具有启示性作用的教学案例。因而，这些案例是具有时政色彩的重要案例。无论是其中的哪一种，它都要纳入思想政治理论课课程开发的实践中。例如，在《坛经》中曾记载了一个这样的故事：

> 时有风吹幡动。一僧曰风动，一僧曰幡动。议论不已。惠能进曰：“非风动，非幡动，仁者心动。”

这个故事就可以用来帮助学生理解主观唯心主义与客观唯心主义的区别。把其纳入思想政治理论课，那就是一个“生动鲜活的事例”。如何从教学的角度，运用《坛经》的故事讲解现代思想政治理论课的知识，其实就是传统德育资源的现代转化，而这转化的实质其实就是思想政治教育改革中的协同创新。

2020年5月28日，教育部关于印发《高等学校课程思政建设指导纲要》的通知（教高〔2020〕3号），其中指出，要深入贯彻落实习近平总书记关于教育的重要论述和全国教育大会精神，贯彻落实中共中央办公厅、国务院办公厅《关于深化新时代学校思想政治理论课改革创新的若干意见》，把思想政治教育贯穿人才培养体系，全面推进高校课程思政建设，发挥好每门课程的育人作用，提高高校人才培养质量。其中，重点包括全面推进课程思政建设是落实立德树人根本任务的战略举措、课程思政建设是全面提高人才培养质量的重要任务、明确课程思政建设目标要求和内容重点、科学设计课程思政教学体系、结合专业特点分类推进课程思政建设、将课程思政融入课堂教学建设全过程、提升教师课程思政建设的意识和能力、建立健全课程思政建设质量评价体系和激励机制及加强课程思政建设组织实施和条件保障等几个部分，明确要求各高校做到思政课程和课程思政各守“一段渠”，种好“责任田”，做到同向同行，形成协同育人效应，切实落实高校“立德树人”根本任务。

3. 课程思政的实践背景

课程思政已由理念变成了思想政治教育的实践，而且课程思政的实践已表现在多个方面：

首先，打造个性化的精品课程。这里的个性化是指符合自己高校办学特色，体现高校拥有德育资源的精品课程。不同的高校拥有不同的师资，各地的高校又因其所在地拥有与众不同的地域德育资源。这就为打造个性化的课程思政精品课程创造了条件。从课程思政的示范课到课程思政的精品课，这不只是名称上的变化，更是课程思政深入发展的体现。虽不能说每一所高校都有属于自己的精品课程，但却可以说每一所高校都在力求打造具有自己办学特色的课程思政精品课。例如，“治国理政”是复旦大学的精品课；“绿色中国”是华中理工大学的精品课程。

再如，在建国七十周年之际，“治国理政——中国共产党的理论与实践”论坛在复旦大学开幕。论坛的主题是“新中国 70 年：成就与经验——我看共和国历史”。本次论坛吸引了校内外大批青年学子参加，在论坛中评选出了百余篇优秀论文。本次社会实践活动的主题是“乡村振兴”，参与者在实际调研中，不只是感受到了乡村的巨变，更是在实际调研里学习、研究、宣传了我们的治国理念。

在本次论坛上，高校学子们回顾了新中国成立 70 年的建国历程，总结了建设的伟大成就，在明确奋斗方向的同时，也坚定了自己的奋斗信念。承担起了建设者的责任，担负起了接班人的重任。

复旦大学如此，其他的大学也是这样。武汉大学的“院士课堂”，北京林业大学的“5 分钟林思考”等课程思政实践，不仅创新了思想政治教育的形式，而且也提升了思想政治教育的客观效果。

其次，上海市的管理经验得到了推广与肯定。课程思政不止是一线教师的实践，更是对传统管理模式的更新。众所周知，上海市高新的课程思政实践领先于其他各地高校的课程实践。因而，上海市的管理经验也迅速地被其他各地的高校汲取并在借鉴中得到了创新式的应用。

“上海市按照‘党委统一领导、党政部门协同配合、以行政渠道为主组织落实’的思路，建立健全领导机制，出台《课程思想政治教育教学体系建设专项计划》，遴选一批课程思政‘整体试点、重点培育、一般培育’学校，分步推进，有序展开，根据上海市高校实际，建立符合思想政治理论课、思政选修课、综合素质课和专业课发展规律的长效运行机制和协同创新机制，及时总结经验使之固化下来，确保课程思政改革顺利进行。”[①]分析引文可知上海市对课程思政改革的管理经验有如下几个方面值得我们借鉴：第一，统一领导是关键。虽然各高校拥有的德育资源不一样，但各高校彼此之间协同的课程思政改革需要一个统一的领导。否则整体试点将是一件不可能的事情，更不用说重点培育与一般培育的实施了。第二，党政部门协同配合是课程思政的主要形式。若无《课程思想政治教育教学体系建设专项计划》这样的指导性文件，上海市各高校的课程思政改革就不会如此规范且协调发展。若不是遴选一批课程思政进行优先的课程思政改革，上海市的课程思政改革也不会如火如荼地迅速展开。第三，以行政渠道为主组织落实是高校协同与学科协同的具体方式。协同是课程思政改革的核心，高校与高校之间的协同，可以促进某一地域思想政治教育效果的快速提升；学科与学科的协同，可以促进某一高校内思想政治教育效果的提升。基于这样的思维，课程思政的实践需要关注各种教育要素之间的协同情况。所以，在上海市的课程思政实践中强调思想政治理论课、综合素质课、思政选修课和专业课之间的改革协同，要强调整体试点、重点培育、一般培育之间的协同。

再次，个性化的资源配置强化育人实效。这里的“资源”是一个广义

---

① 陈华栋等．课程思政：从理念到实践［M］．上海：上海交通大学出版社，2020.06:115.

的术语，它本应该囊括全部参与课程思政实践的教育教学因素。相对于学科教学而言，这里的“资源”则主要指向参与课程思政改革的一线教师。因此，通过课程思政改革资源的个性化配置可以起到强化育人效果的目的。“高校示范马克思主义学院和优秀教学科研团队”项目选题，吸引了一大批学术精英参与其中。在这些专家、学者的参与下，课程思政实践的许多理论问题得到了解决。从另一个方面看，知网上与课程思政相关的研究文献也呈现出逐年激增的情况。这就足以说明思想政治教育资源得到了个性化的有效配置。而且，正是因为这样的配置，才涌现出了大批的课程思政精品课程，从而为提升育人效果夯实了教学基础。对此，我们可以从上海同济大学的《中国道路》这一课程思政的精品课程里得到例证。“中国道路”这一精品课程，不只是同济大学的课程，更被腾讯视频等网络平台转载，从而打破了校园围墙的限制，让更多的学习者从中获益。课程的内容分为“经济改革的中国道路”“生态发展的中国道路”两个专题，分别介绍了中国道路的世界意义、中国道路的内涵（中国走过的道路，探索、选择、坚持、发展的道路。在狭义的层面上，中国道路就是指改革开放后中国特色的社会主义道路）等诸多具体内容。这样的课程思政实践，优化了思想政治教育资源，又创新了思想政治教育的形式。因而说其强化了育人效果。

（二）课程思政的嬗变

课程思政，从理念到实践经历了从理论萌芽到发展、壮大的历程。考察中国教育史，探讨课程思政理念的渊源流变更能为我们设计以课程思政为中心的教学提供帮助。

1. 中国古代德育思想的萌芽与发展

课程思政理念萌芽于传统的德育教育。从春秋到明清，可谓是课程思政理念的萌芽、发展期。春秋时期，私学盛行。随着教育对象的逐渐扩大，教师讲学的方式也得到前所未有的拓展，继而才出现了“百家争鸣”的景象。“百家争鸣”与其说是学术争鸣，不如说是人才培养成就的展现。孔子、孟子、荀子、墨子等人可谓是这一时代的佼佼者。这些学术“牛人”在传播自己治学观点的同时，也在反思着这一时代的教育经验。特别是在儒家学派的经典中，教育的价值、德育的作用都得到了全面而深刻的反思。尤其仁政思想的提出更是验证了这一点。“治理国家不能只依靠政令、法律，而要通过教育引导实现德政。”① 据引文可知，这里的“德政”强调的是能够体现“仁德”思想的政治措施。为了实现德政，统治者应该重视教育的德化作用。在儒家学说里，“士”是重点的培养对象，而衡量一个学生是否能够成为“士”的标准又非常简单，即“君子”，只有那些堪称“君子”的人，才是真正的“士”。儒家学说的“君子”是一个高频词汇，多次出现在《论语》中。正是这种不厌其烦的介绍，孔子才让自己的弟子们明白了“君子”一词应有的内涵。孔子有关于“君子”的名言有如下之多：

子曰：“君子周而不比，小人比而不周。”

子曰：“君子怀德，小人怀土；君子怀刑，小人怀惠。”

子曰：“君子喻于义，小人喻于利。”

子曰：“君子坦荡荡，小人长戚戚。”

子曰：“君子成人之美，不成人之恶，小人反是。”

子曰：“君子和而不同，小人同而不和。”

子曰：“君子泰而不骄，小人骄而不泰。”

子曰：“君子上达，小人下达。”

子曰：“君子固穷，小人穷斯滥矣。”

子曰：“君子求诸己，小人求诸人。”

子曰：“君子不可小知而大受也，小人不可大受而小知也。”

上述引语虽不是孔子论述“君子”的全部语言，但作为孔子的经典论述，上述引语却经常出现在众人的视野之中。分析上述引语可知，在孔子的眼中，“君子”应该具有如下的特点：

第一，君子应该品学兼优。人品与才学的整合，才是君子与小人的区别之处。孔子在诠释“君子”的时候，不只有上述引语这样的理论叙述，

① 高贵和．论当代中国思想道德教育对先秦儒家道德教育的借鉴［D］．安徽大学，2010:13.

还有颜回这一个案例的感性说明。孔子曾这样感叹："贤哉回也，一箪食，一瓢饮，在陋巷，人不堪其忧，回也不改其乐。贤哉回也。"在这段引语里，孔子两次感慨，一次叙述，可见他对颜回的认可。究其认可颜回的原因，也非常简单：一是对学习的认可，另一是对品质的认可。"不改其乐"之"乐"是颜回对学习的追求；"不改"之语则是对颜回道德品质的认可。

第二，君子之行应优于普通的大众。行之方式，行之结果，君子都与众不同。"君子和而不同，小人同而不和"之语最能例证这一观点。"和"是对众人保持友善关系的关键所在。"和而不同"意在强调君子科学处理人际关系的同时，又能保证自己的独立人格。他人正确的观点要肯定，他人错误的观点要否定，不能委曲求全。因而，这样的人才是君子，才是国家需要的人才。

第三，君子是能够约束自己的人。约束自己的欲望，才能成为君子。因而孔子说"君子怀德，小人怀土；君子怀刑，小人怀惠"。德是君子行事的标准，依据道德的标准，约束自己对名利的追求，因而，君子才能不利欲熏心。相反，小人则因不能约束自己的欲望，他们才会为谋不义之财而不择手段，才会为一己私利而不顾廉耻。

第四，君子也有自己的好恶，在子贡与孔子的谈话中，子贡对君子之好恶问题进行了诠释。称人之恶、讪上者、果敢而窒者——在子贡看来，以偏概全、无礼而勇、自以为是，这些都不是君子所为。或许是为了帮助弟子们正确地理解君子的好恶，孔子还结合自己的感受讲出了这样的话："不义而富且贵，于我如浮云。"富也好，贵也罢，这是许多普通人的追求，可是在孔子看来，为了坚守正义，他人看重的东西，在孔子看来都可以抛弃。

儒家思想对中国的影响，有人用"半部《论语》治天下"来概括。综观中国历史，此言不虚。汉代之后，儒家思想受到的重视超乎我们的想象。刘邦重视儒家的"孝"道，汉武帝更开启了"以孝治国"的实践。儒家的"五经"成了教化众人的经典教材。儒家思想虽因魏晋时期的战乱而受到了排斥，但梁武帝鉴于民族融合的现实而提出的"三教"同源又为儒家思想在唐代的重新兴起打下了基础。

科举的兴起是儒家思想参与唐代统治的重要原因。科举的完善让儒家思想在两个层面上得到了回归：一是在国家的层面上，在不同学派思想的论辩中，儒家思想的教化作用得到了彰显；二是在个人的层面上，隋唐首开科举，应试内容既有儒家经文，也有针砭时弊的策论。[①]在这里，儒家经文的单独考试，在传承儒学的同时，也让儒家的思想逐步渗入统治者的心中。因为，学而优则仕。唯有深入理解儒家经典，才有可能在出人头地的同时，跻身到统治集团之中。

"中国古代，从西周'明德慎刑'，到西汉'德主刑辅'，发展为唐代的'德礼为政教之本，刑罚为辅助之用'，沿着由德治到法治再到德法并治的道路，最终走向德治与法治的统一，并由此带来封建统治的盛世。"[②]正如引文所说，德治与法治的侧重点有所不同。无论是偏重德治，还是偏重法治，都不如德治与法治的统一。对于德治与法治的关系，有人认为是这样的：法治离不开德治的支持与配合，德治需要法治的保障和辅助。[③]在唐朝的统治中，礼法合一是显著的特点。以礼入法，就是依据礼的原则来制定法律，来评判世人的日常行为是否合法。既重视德的指导与规范作用，又突出刑罚的惩戒功能。从而才有了"贞观之治"，才有了"开元盛世"。

宋元时期对德育教育的强调。宋元与隋唐时代最大的不同体现在民间书院的兴起。这些民办的教育机构与官学对科举的过度关注有所不同。他们更注重对真、善的追求与强调。在教学中，办学强调对学生独立人格的培养，关注对和谐师生关系的强调，彰显对学术自由的向往。在宋元书院里，教育者非常关注学生的德育教育。对此可以从"德业簿"和"劝善归过簿"等管理制度上略知一二。所谓的"德业簿"其实就是对学生学业与品德修养的记录。在《建康志·明道书院》中曾有这样的记录：诸生德业修否，置簿书之。即对学生功过奖赏，都要记录在案。有些类似现在的学生档案或者称之为学生的成长记录袋也不足为过。

---

① 客洪刚，谷明书．唐代的文教举措及其现代思想政治教育借鉴［J］．东北师范大学学报（哲学社会科学版），2016（02）:243-246.

② 孔昕曈．论中国古代从西周到唐朝德治与法治的统一［J］．法制博览，2019（11）:130.

③ 徐秀霞．论"德治"与"法治"的辩证统一及其相关问题［J］．东北师范大学学报，2001（6）:35.

相对于“劝善归过簿”而言，“德业簿”的记载里多了一些学习成绩的记录。与“德业簿”不同,“劝善归过簿”更加关注对学生品德修养的记录。“劝善归过”原本是一个成语，其本义为“规劝改正错误”。规劝的对象，可能是自己，也可能是朋友。随着书院的发展壮大，于是在《问说》一文中有了“朋友之交，至于劝善规过足矣”这样的记载。在儒家的学说里，关于交友的问题多有论述，见贤思齐、择善而从，都意在强调主观上的抉择。《问说》所言与《后汉演义》里的“我望先生劝善规过，奈何亦作此俗谈”这句话显然有异曲同工之妙。“簿”是册子、案卷的意思。因此，“劝善归过簿”就是对自己改过的记录，就是自己劝诫他人的事迹的记录。无论是规劝他人，还是改过自新，这本身都是德育教育的核心。

另一个能够例证宋元时期对德育教育强调的文章是陈元的《宋元之际白鹭洲书院德育特色及其当代价值》一文里所展现的研究成果。在这篇文章中，作者的观点要体现在三个方面：“育德为先，义理为重”“崇祀先贤，榜样立志”“师长垂范，言传身教”。[①] 这三个方面涉及德育的内容、德育的实施途径与德育方法的总结。“育德为先”意味着德育教育与知识传授之间关系非常明确；“崇祀先贤”强调的是价值传承，德育教育的继往开来；“师长垂范”则是一种高效的德育方法。正可谓亲其师才能信其道，只有以身作则，才能实现把榜样的作用发挥到极致。

明清时期的知行统一。德育教育可分为两步，一是知道怎么样做，二是通过所学规范自己的言行。所以，知与行的统一最能体现德育的教育效果。在这个时期，“师夷长技以制夷”这个源自魏源所撰《海国图志》中的观点颇受众人的喜爱。“师夷”的意思是向西方学习他们的军事长处。但在这一观点的影响下，众人向西方的学习又不止于军事上。“夷之长”有三：战舰、火器、养练兵之法。在引进西方船炮的同时，西方先进的工业技术也随之被引入国内。与此同时，抛开技术不谈，这一观点也蕴含着极其丰富的爱国思想。“师夷”的目的就是要强国。也正是在这一思想观点的影响下，才揭开后续洋务运动、维新变法，甚至是辛亥革命的序幕。从这点上

---

① 陈元.宋元之际白鹭洲书院德育特色及其当代价值［J］.教育学术月刊，2011(09):35.

讲，知行合一的背后应该是儒家的忠君与现代爱国情感的整合。故而在立足于现实需求的基础上，人才培养、人才选拔已从重经开始向现代科学并重的方向发展。数学、地理等现代科学知识已融入了人才培养实践之中。封建士大夫原本表达忠君的“天下兴亡，匹夫有责”“先天下之忧而忧，后天下之乐而乐”等思想被融入了时代的内涵或者说得到了重新的诠释。黄宗羲就曾认为仁义与事功的结合才是正确的人才培养之路。作为一位学者，既要通过参与世事来建功立业，又要超越狭隘的建功立业思想，拥有自己的社会责任感。这样就在个人与社会的层面上，让学习者明确了自己的努力方向，知晓了应该如何规范自己的学习行为及日常言行。

2. 传统德育思想的转型期

从民国到新中国成立前，可谓是课程思政理念的转型期。辛亥革命之后，中国的社会性质发生了翻天覆地的变化。随之，课程思政理念也发生了蜕变、转型。所谓的“转型”有两个层面上的意思：从时间上讲，这是由古代向现代德育教育的转化；从内容上讲，这段时期内的德育教育开始不断地依据时代需求而更新。

从清末起，近代中国人开始有意识地传播西方伦理道德思想以变革传统道德及其教育，但直到20世纪20—30年代，近代西方的道德教育理论才系统地传入中国。[①]引文在明确这一德育转型期复杂化背景的同时，也对德育复杂化背景的成因进行了分析。引文的作者在其题为《近代西方道德教育理论的传播与民国德育观念的变革》一文中，首先对西方德育理论对中国传统德育教育的影响进行了说明，其中包括杜威的道德理论、涂尔干的德育思想以及康德的伦理道德思想等。然后，作者又在文中阐释了从传统的修身教育向进步主义德育观的转变。继而又详细分析了进步主义德育观与德育观多元化的冲突与融合。

提到民国教育就不得不提到时任民国教育总长的蔡元培先生。他在《教育方针之意见》中提出了五育并举的理念。即，公民道德教育、军国民

① 肖朗，田海洋. 近代西方道德教育理论的传播与民国德育观念的变革［J］. 社会科学战线，2011（07）:56.

教育、实利主义教育和世界观教育、美育。在这五育之中，公民道德教育被置于首位，而且从今天的观点来看，公民道德教育与世界观教育都是德育教育或者思想政治教育的核心所在。由引文可见民国教育对德育传承的重视。因此有研究者称“五育并举”的教育方针是对中国传统哲学的传承与发扬。① 分析蔡元培先生提出的“五育”可知其与新中国成立后提出的“德、智、体、美、劳”有相似之处。虽然两者并不完全相同，但仍可以把其视为旨在促进受教育者全面发展的教育观。虽然这与马克思主义促进人的全面发展的教育观有所区别，但因受时代的限制，我们也能理解蔡元培教育理念的先进之处。因为，“五育”并举的教育理念完全是基于社会现实需求的思考：实利主义教育和军国民教育的实施可以振兴饱受阻碍的民族经济，可以遏制军阀政治的发展，可以捍卫国家主权。虽然“五育”的内容有别于传统教育，但这并不是对传统文化的排斥。中国传统文化的精髓都在文、史、哲的研究中得到发展。在关注对学生美感培养的同时，课程的实用性得到了强调，教学的内容在平民化的发展中使理论与实践得到了整合。

“五四”时期，人们从社会改造的角度出发，运用民主主义和实用主义的教育观念对德育实践的反思和批评，促使近代德育观念由崇尚圣贤人格向实现平民人格等几个方面的转变，并对当时的德育实践产生了很大影响。② 引文强调了一个重要的事实，在中西文化的冲突中，传统德育教育体系得到了反思。这种反思的结果表现为圣贤人格向平民人格的转变。1918 年，民主主义教育的思想就被现代教育的先驱蒋梦麟提出，继而蔡元培先生又号召众人尝试杜威博士的教育思想。西方德育思想的传播为反思传统德育教育提供了理论支撑。在这次反思中人们发现传统的德育教育不能培养国民精神，究其原因，这与传统德育教育过分注重私德的培养密切相关。最早关注这一问题的是顾树森，他在参与讨论学制改革问题时就明确地提出了“现行学制

① 曾成栋 . 论蔡元培之“五育”教育观［D］. 湖南师范大学，2015:25.

② 郑航 .“五四”时期的文化革新与近代德育观念的转变［J］. 华南师范大学学报（社会科学版），2001（02）:107.

中缺乏培养共和国民之精神”的观点。虽然改革学制的目的并不只是培养国民精神，但国民精神的培养却成了思考如何改革的出发点。与此同时，另一些教育先驱们也发现另一个问题，即传统德育不能与时俱进。随着时代的发展，德育的内容与教育的方法也理应创新式发展。当这一思想成为教育共识后，陶行知提出了这样的观点：今日教育之效果所以不能满足吾人之希望者，实以根本错误之故。根本错误之尤甚者，为小学校之课程。[①]引文的作者提出了一个令人深思的观点，即德育教育要满足世人的需求。“不能满足吾人之希望”就意味着存在根本错误，发现了存在的错误就意味着找到了改革的切入点。所以说，这一时期的德育教育已进入了转型期。

3. 课程思政理念的实践期

从建国至今可谓是课程思政理念的实践期。课程思政理念源于对传统德育思想及实践的反思。因而，在经历了萌芽、转型之后，课程思政理念开始步入了实践。

课程思政的实践是在理论指导下的思想政治教育改革，为此课程思政育人体系的构建是一个长期的过程。或者更确切地说，课程思政体系的构建过程是与马克思主义中国化的过程并行的。因而这就可以视为一个“模式化”与“去模式化”的统一。从最初的政治与思想教育到思想政治教育的过渡可谓是课程思政的构建过程；从思想政治教育到德育及学科教育的发展也可以视为课程思政体系的构建。在此基础上，新中国的课程思政教育又由学科德育开始向思政课程发展，然而又在此基础上，由思政课程完成了向课程思政的过渡。这其中的每一个关节点都可视为课程思政育人体系构建中取得的成就，同时，这每一个关节点与另一个关节点之间的联系又可视为课程思政实践的创新式发展。

其次，课程思政的实践在对比与经验的共享中发展。对比，一是历时上的对比，即传统德育教育与现代课程思政的对比；二是共时上，国内与国外的对比。特别是在文化全球化的背景下，这样的对比更能让我们发现彼此的差距并依据这样的差距找到发展的切入点。基于这样的分析思路，

---

① 程湘帆.《小学课程概论》之“序言”［M］. 北京：商务印书馆，1923:4.

我们发现目前课程思政实践中存在如下问题：

“课程思政”的内涵有待于进一步明确。这所谓的“明确”有两个层面的意思：一是专业的研究者应该对其内涵进行更为科学而严谨的界定。在目前的学术界，“课程思政”可谓是一个见仁见智的术语。因此有众人趋向一致的术语界定，但这一内涵说明肯定会随着课程思政实践的进一步发展而不断更新。在另一个层面上，对于一线教师而言，他们对课程思政内涵的理解也有所区别。否则也就不会出现有课程思政是“一阵风式的教学理念，配合完成几个动作即可”的敷衍心态，极少数学校出现了“课程思政化”的倾向（不管什么课都生搬硬套，要求套上“思想政治教育”的外衣），这势必会严重影响到课程思政的实施和作用发挥。[①] 分析引文这种为“课程思政”而“思政”现象产生的原因可知，除了课程思政参与者自身的态度外，还在很大程度上与他们不了解“课程思政”的内涵密切相关。在这些参与者的心中，他们往往狭隘地认为简单的几个动作就可以完成思想政治教育任务。殊不知，课程思政是对学科间的一种协同育人，是各种教育因素的协同运用。错误的课程思政实践，影响到的不仅是育人效果，更是任课老师育人水平的提升与对课程思政的误解。课程思政需要学科间的协同，但并不是所有学科的教学内容都适合思想政治教育。

课程思政实施要模式化与去除模式化的统一。课程思政的实践可以概括为“授业”与“传道”的统一。鉴于每一堂课都有不同的知识传授，有不同的思想政治教育的重点，因而，模式化的教学并不适合课程思政的实践。即使是同一知识内容的讲解，因为学生的历年更替，我们结合相同知识进行的德育教育内容也会有所变化。所以我们说，课程思政的实践要有模式化的过程，也要有去除模式化的过程。否则，对其中任何一个方面的偏重都会影响到我们的育人效果。特别是课程思政改革的初始阶段，某些被称为经验介绍的案例更有可能造成课程思政实践的模式化。教学是艺术，它不可能被复制，因而，经验可以借鉴，但经验借鉴的同时却需要我们创新地运用。否则，就会因为模式化的课程思政实践而导致其积极效果彰显不够的问题。

---

① 陈华栋等．课程思政：从理念到实践［M］．上海：上海交通大学出版社，2020.06:120.

第三节　协同创新的综合实践

课程思政实践是一项协同创新式的综合教育教学改革。对此可以从如下几个方面理解。

一、古今协同，创新育人体系

如上面介绍的那样，课程思政实践是对传统育人实践的改革。古代的育人关注的是个人的修养，现代的思想政治教育强调的是对国民精神的培养。因此，古今协同的课程思政实践，其实就是育人体系的创新。

（一）理论的协同，创新育人理论

育人资源可一分为二，一是理论资源，二是实践资源。前者的协同可以构建当代的育人指导理论，后者的协同可以拓展当代的育人实践。

1. 古今协同，创新育人理论

据《孔子道德教育思想研究》一文对孔子德育思想的研究可知，孔子的德育思想的理论基础为："为政以德""性相近，习相远""中庸"[①]。作为理论基础，这三点在现代思想政治教育中得到了继承与发展。"为政以德"被视为政治理论基础。重德轻刑，强调仁政，这在孔子的德育教育中占有

① 张力红．孔子德育思想研究［D］．河北师范大学，2010:21-35.

重要的地位。“性相近，习相远”被引文的作者认为是孔子德育教育的方法论基础。“性相近”强调的是人与人之间的共性，“习相远”突出的是后天环境影响下形成的个性。具有共性，意味着所有的学习者都可以接受德育教育；具有个性，意味着相同或相似的教育内容会产生不同的德育效果。因此说，“习相远”强调的是两个方面的内容：一是德育教育的效果，另一个是后天环境对德育教育的影响。故而引文的作者把其视为孔子道德教育的人性论基础。“中庸”之“中”往往理解为“恰到好处”。在现实生活中，它表现为不被情感所左右。“喜怒哀乐之未发，谓之中”就是对此最好的解释。“中庸”之“庸”被诠释为：“庸者，天下之定理。”这里所谓的“中庸”颇与我们哲学中所讲的“度”相似。既不偏不倚，又无过而不及。“中庸”是孔子道德教育的方法论。因此“中庸”又被视为君子的品德。基于这样的理论基础，“学、思、行”的统一才成了孔子道德教育中的重要方法。

孔子道德教育中的“学、思、行”在课程思政的实践里得到了创新式的应用。学表现为知识的传授，思表现为知识与现实的联系，行体现为对自己言行的规范。在孔子那个年代里，“学”其实就是对文本的解读。人非生而知之，这就需要学习，学习的重要媒介就是已有的文本。[①]若要利用好文本这一媒介，那就需要学习者与文本之间产生对话并在与文本作者、与其他文本读者的对话中，实现对文本的理解，接受文本中蕴含的德育思想。下边列举一个药事管理学中的课程思政案例：

（1）通过“梅花K”案例，讲解产品研发环节从业人员品德的重要性

2001年8月24日，湖南省株洲市药监局接到举报：该市多人服用“梅花K”黄柏胶囊后中毒住院。该药物均标示由“广西半宙制药集团第三制药厂”生产。该产品在当地媒体大做宣传，声称能通淋排毒、解毒疗疮，治疗多种女性炎症（夸大宣传）。购买者服用几天后出现了胃痛、呕吐、浑身乏力等不良症状。经株洲市药检所抽样检验，检出

① 王晓丽.《论语》中的传统道德教育方法及现代启示[J].许昌学院学报，2020，39(03):108.

该药物非法添加了四环素成分，初步认定该“梅花K”系假药。

添加药物成分对产品研发人员而言，是要由德行来约束的，因为用仪器去检测非法添加物好比大海捞针。因此只有拥有良好的品德，才能做好健康产品的研发。

（2）通过“齐二药”案例，讲解产品生产环节从业人员品德的重要性

2006年4月22日、23日，广州中山三院传染科突然出现两例重症肝炎病人先后发生急性肾功能衰竭症状；29日和30日，又有病人连续出现该症状。院方通过排查，将目光锁定在齐齐哈尔第二制药有限公司（以下简称齐二药）生产的“亮菌甲素注射液”上。经调查，生产亮菌甲素注射液所需要的溶剂丙二醇，是齐二药采购员钮忠仁向江苏泰兴市的不法商人王桂平购入的。该原料进厂后，化验室主任陈桂芬等人严重违反操作规程，未将检测图谱与标准图谱进行对比鉴别，便签发合格证，最终酿成13人死亡的惨剧。生产原料的采购、质检、仓管均直接影响到产品质量，岗位相关人员先要具备良好的道德修养，才能在生产环节上任劳任怨、不马虎、严格把关。

（3）通过“山东疫苗”案例，讲解产品制造人员品德的重要性

2016年3月18日，山东警方破获一起特大非法经营人用疫苗案，疫苗未经严格冷链存储运输便销往24个省市，疫苗含25种儿童、成人用二类疫苗，总值5.7亿元。国务院总理李克强对非法经营疫苗系列案件做出重要批示，山东等地检察机关第一时间介入侦查引导取证，批准逮捕涉嫌非法经营等犯罪嫌疑人297人、起诉68人、立案侦查涉及的职务犯罪100人。

经营药品等活性产品时，有些必须严格冷链存储运输。由于流通环节涉及从业人员众多，难以监控，所以品德约束显得更为重要。同学们在课堂上深入了解这一点之后，会在品德修养上得到启发。

（4）通过“长生疫苗”事件，讲解品德高尚的重要性

2018年7月15日，国家药监局发布《关于长春长生生物科技有限责任公司违法违规生产冻干人用狂犬病疫苗的通告》（2018年第60号）。

长生生物在飞行检查中被发现在冻干人用狂犬病疫苗生产过程中存在记录造假等严重违反药品GMP的行为，国家药监局已要求吉林省局收回长春长生的《药品GMP证书》。

2018年7月22日，李克强总理批示，此次疫苗事件突破人的道德底线，必须给全国人民一个明明白白的交代；7月23日，习近平主席做出重要指示，长春长生生物科技有限责任公司违法违规生产疫苗行为，性质恶劣，令人触目惊心。①

上述引文是药管学实施课程思政的案例。药管学的教学涉及药品的研发管理、药品的生产、药品从业者的管理以及药品的储藏、运输等环节的管理工作。这四个案例分别针对管理的不同环节，向学生讲解思想政治教育的重要性。夸大功效的广告宣传，使原本被添加非法成分的梅花K在使用过程中给众多的使用者造成了不应有的伤害。这既是由梅花K研发人员缺乏良好的品德修养造成的，也是由药品的宣传者缺乏良好的品德造成的。第二则“齐二药”案例强调了药品生产者品德的重要性，尽管药物的研发没有问题，但是由于制药材料的采购环节出现了问题，同样也会使原本救命的药成为伤害使用者的毒药。第三、四则案例强调了药品流通环节中从业人员品德修养的重要性。药品的运输有其严格而科学的操作，若忽视了这一点，同样可以造成人民群众生命财产的损失。无论是用以治病救人的药，还是被用来防御疾病的疫苗，都是这样的。特别是在新冠肺炎疫情肆虐全球的背景下，这样的思想政治教育就显得更为重要。

药管教学中的这四则案例，从药品的研发到药品的宣传、运输，几乎囊括了全部的管理环节，因而，这样的课程思政实践更能提升学习者的品德修养。如果把其与前边对孔子道德教育思想的研究整合到一起，我们能发现两者之间的继承与发展。孔子的“学”就是药管教学中对案例的分析，孔子道德教育思想里的“思”就是对别人教训的汲取过程；孔子道德教育

---

① 王英龙，曹茂永．课程思政——我们这样设计（理工类）［M］．北京：清华大学出版社，2020.06:155–156.

思想里的“行”是学习者对日后参与药管实践中的行为规范。所以说，古今协同，才能完善思想教育的指导理论。因为，前者的指导理论是孔子的道德教育思想，后者案例中的指导思想是课程思政理念。

2. 中外协同，创新育人理论

理论协同除了历时上的古今协同之外，还有共时层面上的中外育人理论协同。对于后者，我们在前边的介绍也有些许的提及。例如上边提到的杜威的德育理论就曾随着他到中国的访问而对国内的德育教育产生重大的影响。中外育人理论的协同，既是共时的，也是历时的。自杜威之后，现代许多其他国家的先进育人理论也对中国的思想政治教育产生了积极的影响。美国的公民教育相当于我们的思想政治教育，其主要职责是向学生进行价值观教育。在教育的方法上，美国的公民教育主要是以潜移默化的方式进行的。教育者主张把思想教育的相关内容渗透在受教育群体的生活、学习、工作和实践中，使其在无意识的情况下潜移默化地接受德育教育，符合美国文化多元的国情和美国学生反感强迫灌输的心理。[①] 据引文可知，美国公民教育的两大特点：一是把价值观的教育融入学生的全部生活要素之中，二是让学习者在潜移默化中接受价值观的教育。这一点虽与我国的课程思政理念有所不同，但两者之间的相似之处显而易见。价值观的教育被融入学习者生活的全部要素中就如我们的课程思政，把思想政治教育的内容融入全部的学科教学之中是一样的。借助生活要素与借助学科教学来实现思想政治教育，这本身并无明显的差别。而且两者之间又都是在潜移默化中完成的。学科教学中的思想政治教育是潜移默化的，生活因素中的价值观教育也是潜移默化的。尽管教育的内容、教育的目的有所差别，但在教育的途径与方法上，两者还存在着协同发展的可能。

新加坡的教育也受到其他国家的认可。新加坡的教育有一个最大的特点，那就是：新加坡的教育部门要求高校按照实际情况要求学生参加社区服务与学生自治活动，为课堂上的教育建立一个良好的实践平台，助力于

① 张露予．美国公民教育对中国思想政治教育的启示［J］．现代交际，2018（18）：244-245.

学生道德品格的养成。[①]据引文可知，新加坡高校的价值观教育，一方面重视理论学习，另一方面注重学生的实践。其如此安排，教育意图非常明显，那就是知行合一。要让学生知道怎样做，还要他们用自己的言行来验证怎样做。这一点也与我们的课程思政得到了协同。在上述药管学的案例里，学生不仅知晓了在研究中品德培养的重要性，而且还明确了缺乏优良的品德会让药物研究充满潜在危险。非法添加的四环素成分，不止是学术上的造假这样简单，更有使用上的潜在风险。因此，只有把思想政治教育融入药管的实践中，这些未来的管理者才能在潜意识里意识到自己未来即将担负的责任，以及未来，自己从哪些方面关注工作中存在的潜在风险。

日本的教育相对发达。日本高校一系列的人文社科选修课，以及严格的校园文化建设，强化学生成长期间受到的品德教育成果，形成一套渗透于教学、管理过程中的德育教育模式。[②]分析引文的观点可知，日本的德育有两点值得借鉴：一是把校园文化建设纳入品德教育的实践之中，二是把品德教育融入人文社科的选修课教学实践之中。这就告诉我们，课程思政实践的思想政治教育效果好于传统教学，但这并不意味着随着课程思政实践的展开而全然抛弃传统的思想政治教育形式。至少，我们应该把校园文化的建设作为一种德育资源，纳入高校的课程实践之中。在高校体育学院的校园文化建设中，多见学院体育队参加各种活动的摄影图片以及知名偶像运动员的介绍。利用这些校园文化建设的插图、文字叙述，我们可以培养学生为集体争光的情操，可以培养他们锲而不舍的拼搏精神……校园文化融入课程思政实践，可以做到以文化人、以文育人，让校园的物质文化、行为文化、精神文化对大学生形成“浸润式”的熏陶，达到文化育人的目的。其中，最具课程思政功能的莫过于各高校的校训了。例如，清华大学的校训是：自强不息，厚德载物。对清华大学的校训而言，它似乎更看重

① 陈光军．中国与新加坡高校思想政治教育比较研究及启示［J］．北京青年研究，2018，9（03）:108–112.

② 王珊珊．日本高校对我国高校品德教育的启示［J］．吉林省教育学院学报（上旬），2015（07）:42.

文化的熏陶功能。因为这一校训是源自《周易》中“天行健，君子以自强不息；地势坤，君子以厚德载物”的浓缩。其最通俗的解释就是君子要效仿天的运行而自强不息，不仅如此，君子还要效仿大地那样，可以厚德载物。在这里，校训不只是注重文化熏陶，更注重帮助学生确立正确的价值观、科学的人生观，更关注引导学生在规范自己言行的过程中，构建自己的人生信仰。

虽然课程思政强调的是学科教学中的思想政治教育，但上述所举的校训案例完全可以作为一种德育资源融入日常教学之中，特别是古代哲学史学习的讲解，古代哲学作品的讲解，《周易》是必然的选择。因此，课程思政实践不能失去这样的机会。

（二）方法协同，创新育人的实践形式

有研究者对孔子的德育教育方法进行了总结并归纳如下：情感体验法、生命叙事法、内省修养法、文本解读法。[①]孔子运用这些方法完成了对弟子们的德育教育实践。但随着教育背景的复杂化，这些方法虽还能运用到德育实践中，但其运用的效果却远不及古今德育方法的协同取得的效果好。

文本阅读法与案例教学法的协同就可以实现创新育人实践形式的目的。文本阅读是理论知识的学习过程，案例讨论是运用理论解决实践问题的模拟实践。如果只运用其中的一种方法，我们的教育效果会不尽如人意。文本的枯燥阅读会让学习者逐渐失去理论学习的兴趣，案例讨论失去理论的支撑会陷入肤浅之中。放眼思政教育现场，案例教学法往往更多地顾及案例本身的广泛使用，忽略各个环节整体性与系统性的把握，致使教学效果不理想。[②]引文分析了案例教学法运用中存在的问题。虽然说，文本阅读法的参与不能完全改变案例运用中对教学环节的整体把握，但它却可以在一定程度上改变案例教学法运用中对教学缺乏整体性的思考的现象。

---

① 王晓丽.《论语》中的传统道德教育方法及现代启示[J].许昌学院学报，2020，39(03):108.

② 欧海燕.马克思主义基本原理整体性与系统性视角下的思政课案例教学法创新研究[J].学校党建与思想教育，2018(11):54.

在法律层面上探讨高校校园欺凌问题，这是高校法制教学的重点话题。为了讲解校园欺凌，我们首先要让学生阅读有关“校园欺凌”的界定、研究现状的相关文本，以期让学生对校园欺凌问题的研究现状有一个清晰的认识，然后才能对其进行深入的解读。

“中飞院学姐霸凌学妹”的新闻把高校校园欺凌再一次引向了舆论的高潮。如果把这一案例引入高校的法制课堂，一般会用到两种方法，通过文本阅读法可以使学生了解这一欺凌事件的来龙去脉，然后再结合案例教学法让学生对此进行深入的探讨，可以让学生知道如何界定校园欺凌，并在彼此的讨论中知晓如何预防解决校园欺凌的方法：从学校的管理层入手，从政府的监督入手，从社会的参与入手，利用诸多管理因素的彼此协同来遏制高校校园欺凌的产生。

二、学科协同，回应育人需求

课程思政实践表现为学科教学在育人上的协同，而且这种学科协同又与时代的育人需求保持一致，故而说其学科协同旨在回应时代育人需求。

（一）回应育人体制更新的需求

随着教育改革开放的深入，传统的育人体系已不再适应现代人才培养的需要。为此，许多有识之士提出改革传统育人理念的相关研究。高校是人才培养的基地，为了构建一个适合现代人才培养的范式，加强高校思想政治教育的功能，传统的思想教育由思政课程向课程思政育人的方式转变。依据《高等学校课程思政建设指导纲要》要求，突出顶层设计与基层育人的整合，各个高校都在极力创新并完善课程思政育人体系。在管理层面上，各高校的党委书记都是课程思政实践的第一责任人，各分管领导打破传统育人体系的分割，在彼此的协同中推进课程思政的展开与实施。

新的育人体系是由任课教师为主力军，以课程建设为主战场，以课堂教学实践为主要渠道的育人体系。这就意味着高校的所有教师都承担着育人责任，所有的教师都要完成好自己的责任田，在各类课程与思政课程的同向同行中，实现隐性教育与显性教育的统一。继而在协同中构建全员参与的新育人体系。

（二）回应育人课程体系的创新需求

育人体制的更新与育人课程体系的创新相辅相成。只有育人体制的创新而没有育人课程体系的创新，育人的目的就很难实现；同样，只有育人课程体系的创新，育人体制也很难发挥自己的功效。依据新人才培养需求，《高等学校课程思政建设指导纲要》曾对专业课课程体系的建设、公共基础课程体系的建设以及实践类课程体系的建设都进行了详细地说明。虽然在《高等学校课程思政建设指导纲要》中对这些课程体系的建设是分成上述三类进行说明的，但在课程思政的实践中，这三类课程又共同构建了一个大课程系统。所以各个高校都要以创新的方式，开发每一类课程、每一门课程都拥有“课程思政”资源并将之运用于人才培养实践。在“校、院、系”三级教学体系中，改革创新课程体系的设计。以马克思主义学院为课程体系建设的龙头，突破各专业课之间的学科限制，然后着力挖掘实践类课程中蕴含的思政元素，实现隐性教育与显性教育的完全融合。从而以实现课程思政课为核心，串联综合素养课，整合多学科课程思政参与的育人课程体系。

3

第三章

基于实践求本质

个性化学习、课程思政实践、理论协同、实践创新都是一种教学现象。如果我们能够透过这些教学现象，发现它们的本质所在，那么对于我们探讨个性化学习与课程思政的理论协同与实践创新的相关问题无疑是最重要的理论研究。

第一节　个性化学习的本质

个性化学习的本质可以归结为三个方面：一是学习资源的优化性配置；二是学习方式的自主选择；三是学习目的的需求化满足。

一、学习资源的优化性配置

个性化学习的本质表现为学习资源的优化性配置。与任何学习实践一样，个性化学习需要学习资源的支撑。但个性化学习的与众不同处，表现为它实现了学习资源的优化性配置。

（一）学习资源及分类

明确了“学习资源”的内涵，才能谈及其分类的相关问题。故而本处的说明可分为如下两个部分：

1. 学习资源的界定

在语言学上，“学习资源”是一个偏正式的短语。它由两部分构成，“学习”起限定作用，它规定了后者“资源”的基本属性。“资源”一词原本是经济学中的一个名词，本义是指特定区域所拥有的物力、人力、财力等各种物质要素的总和。在经济学上，所谓的“资源”又被人为地区分成两部分：一是自然资源，二是社会资源。

依据经济学里对“资源”的界定，参考学习的特点，我们可以这样界定所谓的“学习资源”：某一学习者所拥有的学习物质要素与精神要素的总和。在构成上，学习资源中的物质要素主要包括学习者拥有的学习媒介及其学习辅助设施；精神要素主要包括学习者具备的学习品质及完成学习所必需的学习毅力等相关精神要素。

2. 学习资源的分类

分类的标准不同，分类的结果迥异。因而，结合自己对个性化学习的理解，在此把学习资源分类如下：

首先，依据学习资源的存储方式与存储媒介，学习资源可以分为视频学习资源、声频学习资源以及传统的纸类学习资源。

视频类学习资源主要包括各种与学习相关的影像类资源。其中包括各级精品类课程网站上提供的学习资源以及各类社交网络平台上提供的学习资源。前面提到了《中国道路》等类的思政学习资源都是这类资源里最具代表性的个例。除此之外，在抖音平台上，也有许多行业的佼佼者以主播的方式向学生无偿提供各类学习资料。

声频类学习资源包括网络平台下提供的有声类学习资源。这是一类过渡形式的学习资源，相对于纸质资源而言，它能够向学习者提供讲授者的声音；相对于视频资源而言，它又因有声而没有影像而影响到学习效果的提升。

纸质类学习资源是存在最广泛，应用最长久的一类学习资源，其中包括各类纸质出版物。在学习资源数字转化未完成之前，纸质学习资源具有不可替代的优势。在高校的图书馆里，这类资源的利用率相对较高。

其次，以学习资源的所有者为标准，学习资源还可以细化为个人独有的学习资源和以共享方式存在的学习资源。从构成层面上分析，两类学习资源中的每一类学习资源里都可以包括古今中外的学习资料，以及各种存储介质的学习资料。同时，这两类学习资源都是通过积累的方式来完成搜集整理的。例如，个人独有的学习资源可以通过藏书的方式存在，也可以通过构建个人图书馆的方式来积累。在后者中，360 图书馆就是其中的一种。当我们完成注册之后，就可以拥有一个图书馆的账号，登录后就可以把搜集到的学习资料进行分门别类的存储。无论是视频，还是完成数字化转化后的古籍，都可以积累以备后用。当我们以“现代文学史”进行文献搜索的时候，就可以在360图书馆上发现《王德威：何为文学史？文学史何为？（上）——王德威教授谈〈哈佛新编中国现代文学史〉》这样的学习材料以及《文学史叙述的现代转型》这样的研究性文献。

共享式的学习资源一般还可以细分为纯免费的共享式资源和有限的共享式学习资源。前者多向所有的学习者提供完全免费的学习材料，后者多因版权保护的需要，需要学习者支付一定的费用后才能自由使用这些学习资料。纯免费的学习资源如360图书馆上的各学科的材料，相对免费的、共享式的学习资料如知网上的各种学习资料。

再次，以学习资源的存在方式为标准，所谓的学习资源还可以分为线上学习资源和线下学习资源。线上的学习资源需要依赖网络的存在才能使用，线下的学习资源则因不受网络的限制而受到学习者的青睐。线上学习资源与线下学习资源都有免费与收费的区别。线上学习资源如国家图书馆等，线下学习资源如各高校图书馆等。

（二）学习资源的优化性配置

个性化学习是学习资源的优化性配置。这里的“优化性配置”可以这样理解：一是各取所需式的应用，二是同一资源的多维利用，三是对不同类型的学习资源进行互补式的应用。

首先，各取所需式的资源运用。“各取所需”之“各”是不同的学习者；“各取所需”之“需”是不同学习者所拥有的不同学习需求。

学习需求的诞生有多维的原因：一是学习者个性化的学习兴趣刺激下诞生的学习需求。武亦姝在《中国诗词大会》上获得了第二季的总冠军。可这位被誉为“国民才女”的武亦姝却非专攻古典诗词，只不过把陆游、苏轼、李白作为了自己的偶像。在这一兴趣的刺激下，她在阅读《剑南诗稿》《小山词》《放翁词》等诗词作品的同时，又阅读了《人间词话》等相关的评论性作品。这就是说，除了专业的学习资源外，一个学习者还会根据自己的兴趣、爱好产生新的学习需求。

二是迫于环境压力而产生的学习需求。对于大学生而言，就业环境的压力是最为主要的因素。这点可从全国硕士大学生考试人数逐年大幅度增加上窥斑见豹。本科生有本科生的就业压力，研究生有研究生的就业压力。压力不同，他们的学习需求也就不一样。

三是持续学习与研究需要的刺激诞生学习需求。就如我们研究课程思政，初次步入这个研究领域的研究者，需要课程思政相关的全部资源。而对于部分课程思政研究者而言，他们就会对初研者所需要的学习资源进行取舍。侧重于理论研究的人，可能会把阅读《课程思政——从理念到实践》这类书籍作为自己的主要需求；对于课程思政的实施者而言，他们的学习需求多会集中到对《课程思政——我们这样设计》这类书籍的阅读与思考上。同样是课程思政的实施者，鉴于他们所从事研究领域不同，有些研究者的学习需求会集中到理工科课程思政实施上，另一些研究者的学习需求又会集中到人文社科类的课程思政设计上。

其次，同一学习资源的多维运用。学习资源的优化其实是提升同一学习资源的利用率，由于我们积累的学习资源有限，如果我们能够提升同一资源的利用率，无疑就把学习资源对学习者的积极影响发挥到了极致。

个性化学习不只是强调学习过程，更在强调学习个性化结果的同时，强调学习思路的个性化。为此，如何利用相同的学习资源获取不同的学习效果，这应最能体现个性化学习的特点。例如下面这个小故事可以有力证明。

初，权谓吕蒙曰："卿今当涂掌事，不可不学！"蒙辞以军中多务。权曰："孤岂欲卿治经为博士邪！但当涉猎，见往事耳。卿言多务，孰若孤？孤常读书，自以为大有所益。"蒙乃始就学。及鲁肃过寻阳，与蒙论议，大惊曰："卿今者才略，非复吴下阿蒙！"蒙曰："士别三日，即更刮目相待，大兄何见事之晚乎！"肃遂拜蒙母，结友而别。[①]

引文作为学习资源，可以被学习者在多层面上进行运用：第一，引文

---

① 司马光．资治通鉴：卷六十六［M］．北京：北京联合出版社，2016：05.

被用作一则劝学材料。从孙权的角度看，这次劝学堪称中国史上最成功的劝学。理由是“吴下阿蒙”通过自身的努力成了一个令人刮目相看的英雄。第二，本则故事还可以作为一篇激励学习者奋发有为的个案。从作者的叙述上看，原来的吕蒙只是一介不爱学习的武夫。否则，面对孙权的劝学，他也不会以“军中多务”来推辞学习的事情。可是当他无言以对时，他便接受孙权的建议，马上开始了学习。文中“蒙乃始就学”就是例证。当一个人没有合适的理由拒绝做某事的时候，若都能像吕蒙一样，那么未尝不是一件好事。第三，从鲁肃的角度讲，这则故事还可以让我们发现一个爱惜人才的管理者。若不是欣赏吕蒙的才学，鲁肃怎么会与之结友而别。鲁肃在东吴是一个不可或缺的重要人物，在他的极力撮合下，孙刘联盟才得以结成。他完全可以不理会吕蒙，但他却出人意料地去与吕蒙论议。不管论议的结果如何，这论议本身就足以表明鲁肃对人才的重视。

基于这样的理解，若一个学习者能够在多个层面上运用他所积累的学习资源，无疑能够把个性化学习的特点表现出来。

最后，对不同类型的学习资源进行互补式的应用也是优化学习资源的一种表现。一个学习者拥有的学习资源是多样化的，不同的学习资源会产生不同的学习效果。若能在这些学习资源的运用中实现互补，那么无疑也可起到优化学习资源的目的。当我们去同济大学的官网上搜索“中国道路”的时候，我们获取的搜索结果可简要地分为三类：一是公选课《中国道路》的基本情况介绍；二是每期《中国道路》的讲授者及其基本内容及相关视频播放网址；三是有关《中国道路》的相关课题研究情况。若是学习者只利用其中一种学习资源，那么他不可能完全了解同济大学的《中国道路》公选课，更不可能在学习中完全掌握《中国道路》公选课的精髓。作为一位初学者，一定要先看课程的简介，从而判断其是否能够满足自己的学习需求，作为已选此课的学生而言，他们需要及时关注课程的更新情况，从而跟进学习进度；而作为一位经验丰富的课程思政授课的借鉴者而言，则必须要全面地阅读与《中国道路》相关的课题研究情况，甚至还要去知网上搜索与《同济大学：“中国道路”》类似的研究文献，进而借鉴同济大学课程思政的经验，来创新自己的课程思政实践。

二、学习方式的自主化选择

学习方式的选择受教育教学环境的影响较大。在学习方式的层面上，个性化学习体现出自主化选择的特点。突如其来的新冠肺炎疫情，打乱了高校教育教学的正常秩序，影响了已有的教育形态、教学模式和学习方式，倒逼学习方式的适应性变革与转型。① 引文阐明了两个事实：一是教育教学环境的变迁影响着学习者传统学习方式的改变；二是在新冠疫情的影响下，学习者学习方式与教学模式、教育形态都要发生变化，以期适应新的教育教学环境。

（一）学习方式及影响其改变的因素

学习方式又称为 learning style。一般是指学习者在学习实践中表现出的、相对稳定且具偏好性的行为与特点。据此界定可知，在现实学习生活中，学习方式反馈着学习者的个性差异，表现出与学习者性格相关的学习行为或与其学习习惯相关的特点与偏好。影响学习方式的因素主要有如下几种主、客观因素：

首先，教育教学形态的时代化转变。在新冠疫情发生之前，线下课堂教学是我们高校教学的常态。然而随着防疫的需要，线下课堂教学逐渐被线上教学所取代。为了适应这样的变化，常规的教学模式发生了改变，迫于适应学习环境的需要，高校大学生的学习方式也在悄然发生着转变。据《在线教学环境下大学生学习方式转型研究：问题、趋势与发展路径》一文的作者的总结，未来适应线上教学的学习方式主要有：从强调教学观到注重学习观；从被动接受学习到自主创新学习；从强调共性学习到追求个性化学习。② 虽然引文只列举了三种学习方式，但即使面对这三种学习方式，

---

① 蔡宝来，林强，梁广，史乙力，孙昊琛.在线教学环境下大学生学习方式转型研究：问题、趋势与发展路径［J］.黑龙江高教研究，2020，（12）:140.

② 蔡宝来，林强，梁广，史乙力，孙昊琛.在线教学环境下大学生学习方式转型研究：问题、趋势与发展路径［J］.黑龙江高教研究，2020，（12）:143-144.

不同的学习者也会有不同的选择。如果学习者选择了个性化的学习方式，那么他们也在如何运用自己拥有的学习资源上，采取什么样的方法上，表现出与众不同的特点。换而言之，学习者在线上教学影响下学习方式的选择仍然会被学习者创造性地运用到线下学习的过程中。这样的事实在证明教育教学环境的变化影响学习方式的同时，也表明学习者对学习方式的选择与利用具有极大的自主性。

其次，教学理念的更新也会影响到学习方式的选择。教学理念的更新也会影响到学习方式的选择，这是一个不争的事实。线上教学与线下教学的理念并不完全相同。在线下教学中，我们的学习理念多表现为被动式的学习，即你教什么，我就学什么。因为，学生的需求已被任课老师洞悉后有计划地安排到每一节课堂教学之中。即使某一节课的内容与学生的需求不符合，他也不可能自主选择。可线上教学就与此不同，几乎所有的教学内容，学生都可以像选修课一样自主地选择。如果说选修课强调的是学生对某一门学科内容的选择，那么在线上教学中，学生就完全可以行使自己的选修权，选学某一节课的内容，或者不学某一节课的内容——这就是学习理念影响下学习方式的变革。

再次，学习效果的反思也会影响到学习方式的选择。学习是一项有极强目的性的求知行为，无论是主动学习，还是被动学习，学习的目的性都会促进学习者反思自己的学习效果。或者说，每位学习者都在极力追求单位时间内学习效果的最大化。在这样的实践中，每位学习者都要反思自己的学习效果或者更确切地说是自己的学习效率。然后他们就会在有意与无意间更新自己的学习方式。那些适合自己的学习方式就会得到保留，不适合自己的学习方式就会被学习者主动地抛弃。尽管这样的事实不一定发生在每一位学习者的身上，但对于大多数学习者而言，这是一个不能否认的事实。

上述事实产生的另一个原因是学习方式的选择与学习过程的复杂性密切相关。任何一位学习者都不可能只学习某一学科的知识，也不可能把一种学习方式运用到终生的学习中。这就意味着当学习者的学习内容因各种原因出现更新的时候，当学习者的学习条件发生变化的时候，他的学习方式也会随之而改变。或许这种改变的被动性意蕴多一些，但肯定会存在一些主观的成分。

苏轼是一位命运坎坷的学者。对于自己一生的成就，苏轼曾在其《自题金山画像》一诗中这样总结：问汝平生功业，黄州惠州儋州。黄州、惠州、儋州都是苏轼的被贬之地，在这其中的每一处，他都在学习，学习不同的内容。对于苏轼这位集大成者而言，众人只知“苏辛”并称意在强调他们的豪放词创作，只知道“宋四家”之谓意在强调他们的书法独树一帜，可在这之外，苏轼还对音乐诗的造诣非常高。在他贬谪漂泊途中，他创作了许多音乐诗。对此可以阅读祖月《苏轼音乐诗研究》这篇论文。在总结苏轼音乐诗的成因时，该文作者认为这与苏轼参与贬谪之地的民间音乐活动相关。其中包括眉州的风俗、巴楚的竹枝词、吴越的儿歌、黄州的山歌……此处所列举的诸多音乐活动都是苏轼创作音乐诗的素材。但这些音乐活动存在于不同的地域，表现为不同类型的音乐，若不是苏轼及时调整自己的学习方式，他怎么能够掌握这些音乐诗的创作素材，更不必说他在诗歌的创作中把这些素材运用到极致了。

（二）学习方式自主化选择的原则、方法及注意事项

在个性化学习的过程中，学习方式是可以自主化选择的，但这里的自主化选择却不是学习者盲目的选择或者是学习者随意地依靠自己的偏好而进行的随便选择。如果不是这样，那么学习方式的选择不仅不利于学习效果的提升，更不能称之为个性化的学习。只能是随意化的学习或者干脆称之为任性式的学习。为此，我们要研究个性化学习视域下学习方式的自主化选择原则以及选择的方法和相关的注意事项。

1. 学习方式的选择原则

学习方式自主化选择的原则可以概括为：适应学习需求，协同式应用、反馈式调整。对这一原则解说如下：

首先，适应学习需求。学习需求是促使个性化学习由理念变成现实的关键。在个性化学习中，任何一次学习方式的选择都要以适应自己的学习需求为目的。学习者的学习需求有显性需求与隐性需求之分。显性学习需

求多是为满足一定目的性为特征的学习需求。对于大学生而言，他们要通过专业课、公共课的考试才能毕业。这就意味着这些内容无论是否是其喜欢的内容，他们都必须学习。特别是在生涯规划教育刚刚普及的如今，即使是读到了大学生的阶段，有许多专业也未必就是学生能够保持终生学习热情的专业。但为了及时毕业，他们不得不依据这些规定的学习内容而去选择适应自己的学习方式。隐性的学习需求多是指依赖学习者学习兴趣或个人学习偏好而产生的学习需求，它一般与学生的就业环境无关，也与学习者的学习环境无关。例如，《战国策·秦策一》里记载的苏秦“锥刺股”的故事与《太平御览》中所记载的孙敬“头悬梁”的故事都是这个观点的论据。若不是有学习的需求，他们怎会如此的努力？与显性的学习需求相比，隐性的学习需求似乎更能自主地选择学习方式。

其次，协同式应用。协同式的应用原则是指在多种学习方式的协同下，完成自己的学习目标，满足自己的学习需求。“互联网+”时代，具有信息开放、时间自主、内容自选等特点的学生自主学习方式日渐受到关注和欢迎。[①]这也就是说越来越多的学习者开始选择自主学习方式，但是这并不意味着所有的学习者都会选择自主的学习方式，也并不意味着选择这一学习方式的学习者会在自己的全部学习实践之中都只用自主学习的方式。对于大学生教育而言，有全日制大学生和在职大学生之分，对于全日制大学生而言，其学习时间相对宽裕；对于在职大学生而言，他们多会选择碎片化的学习方式与自主学习方式，或者说在两种学习方式的彼此协同中完成学业。

再次，反馈式调整。反馈式调整的原则是指学习者依据反馈的学习效果来调整自己已选择的学习方式。同样是思政学习，利用碎片化的学习方式，可以使学生在阅读领导人讲话、观阅重大会议精神通报的过程中，提升自己的价值观，也可以结合参加《中国道路》这样的思政精品课程来获取相关的理论知识，并在践行这些理论知识的过程中，培育自己的社会主

---

① 王宇，张发钦，覃雪梅，付蓓．大学生自主学习方式与高校思政课实践教学模式适配性调查分析［J］．学校党建与思想教育，2018（19）:68.

义核心价值观。究竟在学习中要选择哪一种学习方式呢？这完全取决于学习者的学习效果。

2. 学习方式选择的常见方法

学习方式自主化选择的方法主要有借鉴试用法、比较选择法、反馈调整法。借鉴试用法是指学习者对他人学习方式的借鉴与试用。毕竟不是所有的学习方式都适合每一位学习者。因而，在借鉴的基础上要试用，如果适合自己，那么这种学习方式或许就会被学习者保留，如果不适应自己的学习需求，他人的学习方式或许会被弃用。例如上边提到的“头悬梁”这种学习方式就适用于自律性强的孙敬。所以这位“闭户先生”（孙敬）才想到了“头悬梁”这样极端的学习方式。日复一日的努力，终于让他学有所成，成了一位学问大家，常有负笈担簦者向他求教。孙敬的成功让他的学习方式成了后世学者夸赞的对象，但我们却很少听说后世还有学习者像他一样“头悬梁”，这是为什么呢？原来一个时代有一个时代的学习方式，一个人有一个人的学习方式。

比较选择法是指学习者在比较中择优选择适合自己的学习方式。没有一位学习者会终生选择一种学习方式并运用于所有内容的学习上，究其原因，很大程度上是因为在不断地比较中，学习者发现了更适合自己的学习方式，当然这并不排除学习环境变迁的影响。这里的“比较”可能是学习者历时上的比较，也可能是学习者共时上的比较，后者在某种程度上与借鉴试用法相似，就不再赘述了。对同一位学习者而言，历时上的比较会出现两种情况：一是新学习方式的选择或弃用；二是传统学习方式的反复性应用。

在探讨个性化学习对大学生思想政治教育产生的效果时，研究者提供了一个这样的访谈记录：

> 在老师给我们讲授思想政治课的时候，我非常喜欢小班化和互动式教学，希望老师能多采取网络授课的方式和学习方式。对于你提到的“知识在网上，思想在微博上，朋友在QQ上，感情在短信上”的说法，这都是社会上的人在虚拟生活中所产生的状态，我认为在信息

化的时代，这些网络话语和涉及的内容是现实的存在，无可厚非。但是，我们不能完全依靠网络这个工具，我们还是应该把我们的精力更多地放在现实之中，在现实中记住“知识在网上，思想在微博上，朋友在QQ上，感情在短信上”这个说法，目的是增强自己对网络世界的适应能力和对网络话语的辨别能力。①

引文的访谈对象，这位学生对学习方式的选择给出了自己的观点。尽管有大多数的学生、任课老师都在推崇网络学习这一方式，这位学生却更喜欢传统课堂的那种互动式的学习方式。这是他比较传统思政授课方式与现代线上思政课程后得出的结论。同时，这位同学也会把相同的学习方式运用到专业课学习中去。

3. 学习方式选择的注意事项

学习方式自主化选择的注意事项可以概括为：与教学常态保持一致、关注良好学习习惯的养成、适应未来的发展。

首先，与教学常态保持一致。线上教学与线下教学所需要的学习方式是不一样的，在课上与课下的教学环境中，学习方式也有所不同。在各种教学改革充斥大学教学实践之际，除非是完全自学者，否则，学习方式必须与教学常态保持一致。

高校思想政治理论课翻转课堂的教学改革是对提升课堂教学效率，产出教学实效的积极回应。②引文表明了一个这样的事实，为了提升思政课的教学效果，翻转课堂受到高校老师的青睐。其实不只是思政理论课可通过翻转课堂的改革来提升，在其他专业的大学生教育实践里，翻转课堂也得到了广泛地运用。《“翻转课堂”在军事硕士专业学位大学生教学中的运用》这篇文章就谈到了翻转课堂在军事硕士生培养中的运用情况。当翻转课堂

① 谷照亮. 个性化学习视域下大学生思想政治教育创新研究 [M]. 成都：四川大学出版社，2020:81.

② 侯芳. “网络直播 + 翻转课堂”在高校思政教育中的创新应用研究 [J]. 教育教学论坛，2020 (11) :66.

成为一种教学常态的时候，自主学习方式就成了必然的选择。在课下，学生们在师生角色转变中，通过自主的方式去完成一部分学习内容；在课堂上，他们又要利用师生间、生生间的互动完成对特定内容的学习。若不是翻转课堂的教学改革成了大学生常态式教学实践，那么这种自主学习方式与互动式学习或许就不会出现如上的整合。

其次，关注良好的学习习惯养成。为了探讨学习习惯对学习效果的影响，有位研究者发现：通过在线问卷调查方式，得到一个包含 749 个样本的数据，调查结果支持了良好的学习习惯对在线学习效果的促进作用的初判。[①]既然良好的学习习惯对学习效果有着如此重要的影响，那么我们就应该探讨学习习惯的养成问题。学习习惯的养成与以学习方式为首的诸多学习要素密切相关。在英语里，学习习惯被称为 studying habbits，它是学习者在学习中通过反复实践养成并发展起来的学习行为，故而与学习方式的选择与利用密切相关。这就要求学习者在选择学习方式的时候，要充分考虑它对自己未来学习习惯养成的影响。

三、育人需求的满足

个性化学习的本质还表现为育人目的的需求化满足。育人的需求可分为三个层面：一是国家的育人要求；二是家庭的育人需求；三是个人成长的育人需求。

（一）国家的育人需求

国家的育人需求是促使个性化学习诞生的根本动力。国家的育人需求在不同的历史阶段会有不同的表现。因而在我们的教育史上，“思想政治教育”的提法经历了“政治与思想教育”“思想政治工作”，到“德育”“学科

① 卢时光，余博，黄靓．大学生学习习惯对在线学习效果影响的实证分析——基于 749 个样本的在线问卷调查［J］．湖南工程学院学报（社会科学版），2020，30（04）:100.

德育”的过渡，再到现阶段的“课程思政”理念的提出。[①]现对引文所提的“课程思政”这一阶段的国家育人需求进行分析：

1. 育人新需求的诞生

习近平德育重要论述，一方面是我们指导高校育人实践的指导理论，另一方面是对国家育人需求的回应。2019 年习近平总书记在学校思想政治理论课教师座谈会上发表的讲话有两个重点，一是强调了学校思想政治教育理论课的重要意义，二是对如何办好思想政治理论课提出了要求。习总书记强调，“推动思想政治理论课改革创新，要不断增强思想政治理论课的思想性、理论性和亲和力、针对性”，并提出“八个统一”的具体要求，这就意味着新时代的育人需求已诞生。

在探讨如何践行习近平德育重要论述的文章里，有研究者总结出了五个具体的方法：文艺育德、家风建设、生活化德育、网络道德实践、多主体的德育协调。[②]引文所列五种方法虽是分开阐释的，但在现实的运用中却不可能截然分开。特别是其中提到的“生活化德育”以及“多主体的德育协调”，这也就意味着我们要构建一个新的育人体系——课程思政。

2. 个性化课程体系的构建

新的育人需求要有一个与之相互匹配的课程体系。课程思政实践，不止是学科间的彼此配合，更是新思想政治教育课程体系的重建。因此，各个高校都依据所拥有的德育资源，开始尝试构建具有本校办学特色的课程体系。

例如，《大国方略》是上海大学践行课程思政理念的代表性课程，或者更确切地说，是从综合素养课视角践行课程思政理念的杰作。《大国方略》是上海大学应上海市教委《关于推进上海高校课程思政教育教学改革试点工作的通知》的要求而尝试构建的一门新课程。这份通知明确要求每一个高校都要构建一门及以上“中国系列”课程。作为“中国系列”的先行课，

① 陈华栋等．课程思政：从理念到实践［M］．上海：上海交通大学出版社，2020:3.

② 蒋智华．习近平德育思想的科学内涵、践行方法和历史价值［J］．高教论坛，2020（02）:2–4.

《大国方略》共设计了九个与时代密切相关的专题，并且同时安排多位教授联袂主讲。例如，“中国梦，谁的梦？”这一专题就与时代生活紧密相连，通过这一专题的讲解，可以让学生们了解国情，也可以让学生们明确自己的担当。“一带一路带来什么？”这一专题的设计，紧密围绕“一带一路”的倡议，让学生们在学习中明确我国的经济发展策略，感受时代脉搏。尤其是最后一个专题，“大国方略中 90 后的机遇与担当”的设计更是把学生与时代的需求联系在了一起，明确了大国方略的同时，又让学生知晓了自己所面对的机遇与挑战。

因“大国方略”课受到了师生的好评，上海大学随之推出了一系列新的课程。《经国济民》《人工智能》不只紧扣时代脉搏，而且《创业人生》等课的设计更是把学生的就业与创业融入了学习之中。

个性化的课程需要个性化的学习与之匹配。面对上海大学推出的这些新课程，大学生们从明确世界的发展趋势，到明白上海在时代发展中应该承担什么样的职责，再到自己在高校里应该学些什么，所有的学习内容都体现出了个性化的需要。

其次，《有机化学》和《文化遗产保护与开发》分别是复旦大学与上海师范大学的理工类专业课与社科类专业课的杰出代表课程。顾名思义，《有机化学》课本应是探讨有机化合物的结构原理及其变化规律的一门科学。可在讲解中，屠呦呦这位有机化学的研究者却成为讲解中融入爱国主义情感的案例。屠呦呦对有机化学的贡献是世界瞩目的，她的爱国情怀是不容置疑的。甚至是在课堂的讲解中，还成功地实现了把白居易的诗作（《问刘十九》）与有机化学知识整合。这在潜移默化中实现了人文精神与理工知识的整合。在这样的学习中，不只是实现了对学生科学素养的培育，更是实现了人文情怀的体验与感悟。

与《有机化学》相同的另一门新课程是上海中医药大学的《人体解剖学》。这门课程由张黎声教授执教。贯穿张教授思政教学的主题是：感恩社会、敬畏生命、心系责任。这三个主题彼此间具有这样的逻辑联系：感恩社会才能敬畏生命，敬畏生命才能心系责任。作为一名医学生，他要用全部所学回报社会对自己的培养。在这一过程中，敬畏生命又是最关键的一环。为此，他要心系社会，知道自己的一言一行对他人产生什么样的影响，也知道自己应该如何回报他人对自己的帮助与扶持。

《文化遗产保护与开发》的讲解关注点有三，其中之一就是在了解古代文化遗产保护开发的成就中，构建学生的文化自信——而这就是课程思政实践强调的价值引领。文化遗产需要保护，但若不能引导学生认识到文化遗产保护的重要意义与价值，他们就不会产生文化保护的意识，更不能在文化遗产保护的过程中，增加学生的文化认同感。

（二）家庭的育人需求

家庭的育人需求与国家的育人需求一样，也要随着时代的进步而变化。有许多人都认为家庭的育人需求及相关问题的探讨应该属于家庭教育的范畴内，殊不知，家庭育人的需求也会与高等教育联系在一起。学习者会把其在课程思政实践中接受的育人理念运用到对下一代的培养实践中。在这样的现实里，就有了研究者对“家庭思想政治教育”及其相关问题的探索。

1. 家庭思想政治教育

探讨家庭思想政治教育的相关问题，首先应该明确“家庭思想政治教育”的内涵。在几十年的研究与探讨中，下面这则界定获得了众人的广泛认可：“家庭主要成员用一定的思想观念、政治倾向、道德规范，对其年幼成员施加不同程度的影响，使他们初步形成符合一定社会要求的思想品德的实践活动。”① 这是一则值得深入思考的术语内涵：

首先，相对于受教育者而言，家庭思想政治教育本身就是一个个性化的学习实践。因为不同的家庭成员会选择不同的教育理念及不同的教育案例来进行思想政治教育。但在个性化的教育过程中，家庭思想政治教育的内容还是表现出特有的、共性的价值传承。家国情怀就是所有家庭思想政治教育者备选的共性内涵。

家庭思想政治教育也具有传承性。在这样的传承中，我们积累了许多适合家庭思想政治教育的教学资料。其中，诸葛亮的《诫子书》就曾被众

① 刘妍熙，罗雄 . 家庭思想政治教育初探［J］. 成都教育学院学报，2005（2）:63.

多的家庭所选用。诸葛亮的《诫子书》被《艺文类聚》《太平御览》《诸葛亮集》等古籍收录。下边结合《诸葛亮集》里的《诫子书》原文对其所能进行的政治思想教育进行分析：

> 夫君子之行，静以修身，俭以养德。非淡泊无以明志，非宁静无以致远。夫学须静也，才须学也，非学无以广才，非志无以成学。淫慢则不能励精，险躁则不能治性。年与时驰，意与日去，遂成枯落，多不接世，悲守穷庐，将复何及！①

分析诸葛亮写信的目的可知其教子目的非常明显。告诫儿子既要关注自身修养的提升，又要在生活上节俭，立志高远。特别是文末的“多不接世，悲守穷庐，将复何及”更是把自己的家国情怀表达得淋漓尽致。人的年纪会随着时光的逝去而逝去，人的意志会随着岁月的消失而消失；在最终枯败零落时，他怎能为社会的发展做出自己的贡献?

其次，家庭思想政治教育并不只是针对家庭成员中的幼者而为之。针对成年成员，也完全可以产生这样的影响。否则，那句出自《诫子书》中的“淡泊明志”的座右铭就不可能出现在成年奋斗者的桌上了。否则李白的那句“长风破浪会有时，直挂云帆济沧海”的诗句也不会被奋斗者用以激励自己。

2. 家庭思想政治教育的个性化满足

家庭思想政治教育的效果取决于受教育者能够接受家庭主要成员的影响，但并不是每一个受教育者都能完全按照施教者希望的那样成长。因为在这一过程中，个性化学习发生了重要的作用。

同样是案例，不同的受教育者会有不同的收获。在阅读苏轼的《定风波・莫听穿林打叶声》这一词作的时候，众人的读后感有所不同：有人认为这是苏轼乐观、旷达情怀的表达，也有人认为这是苏轼的无奈苦笑，更有人认为这是苏轼的狂傲。颇与刘禹锡两次写反映同一内容的玄都观桃花

---

① 中华国学文库 . 诸葛亮集 . 卷一［M］. 北京：中华书局，2009:56.

一样，都是过于狂傲的表现。原本第一首《玄都观桃花》就已让自己被贬，好不容易等来了机会，可刘禹锡却偏偏不珍惜，又以一首《再游玄都观桃花》而错过了重新有为的机会。这里，就需要家庭主要成员或者实施家庭思想政治教育的人对其成员进行正确的引导了。由此可见，个性化学习也是满足家庭育人需求的主要手段。

（三）学习者自我成长的需求

在终生学习的视域下，我们每一个人永远都是一位学习者。都在依赖个性化的学习来满足自己持续增长的学习需求。下边这则转载的调查问卷就证明了这样的观点：

在校大学生：S12，男，共青团员，西南大学。作为一名在校的大学生，我如实讲一下自己对于个性化学习下大学思政教师面临的挑战的理解。我今年大四，一共上了7个学期的大学生思政课，在上课的过程中，我明显感受到了思政课任课教师面临的挑战和巨大压力。给我感受最明显的就是思政教师的自身发展受到了很大的挑战。随着个性化学习的推进，学校要求思政教师不断提高自己的学术能力和水平，取得新成绩，否则就会落聘。具体来说，学校要求相应职称的教师每年要发表一定数量的论文并完成相应的教学科研任务，否则也会落聘，甚至被解聘。

此外，个性化学习下，高校思政教师的主体地位和权威性已经受到了很大的影响。在我刚上大学的时候，我们都非常崇敬和羡慕我们的思政教师，他有渊博的知识和独特的个人魅力，我们非常喜欢他。但是，随着时间的推移，我逐渐发现，他上课的知识不再契合我的需要，我偶尔会在上课前到图书馆和网络上搜索自己感兴趣的知识点和相关的参考资料，因为对于我们这一届大学生来说，单纯的知识传授已经落后了，我们需要的是有思想、有想法，能带我们树立理想、整合知识、产生思想的老师。[①]

引文是一位大学生对自己7个学期以来上思想政治课的感悟。在他看来，作为一个个性化学习者，永远都要依据自己不断产生的学习需求去选择学习的内容。无论这一学习需求是来自主观学习的需要，还是迫于生活环境的压力，他都要以个性化的学习去应对。同时，教者也是学习者。之所以原本令自己羡慕的教师已不再为自己所羡慕，很大原因是他传授的知识与教学内容和学习者的需求产生了极大的差距，当教学的内容已不再能够满足学习需求的时候，也就是教学者需要不断学习新的知识的时候了。此外，学习需求是一个持续增长的过程。当老师所讲的内容符合学习者需求的时候，他就是学习者羡慕的老师，因而，他有权威。可是当其不能满足学习者需求的时候，权威且令人羡慕的教师，其个人魅力就会打折扣了。对于思想政治教学而言，再以知识传授为主的教学早已落后于学生希望帮助其树立理想、整合知识和帮助其产生思想的需求了。

① 谷照亮.个性化学习视域下大学生思想政治教育创新研究［M］.成都：四川大学出版社，2020:118–119.

第二节　课程思政的本质

课程思政的本质可以用“协同”来概括。这里的“协同”，是课程思政的外在表现，也是其内在本质。

一、协同：课程思政的表现形式

课程思政在其外在形式上，体现为不同学科间思想政治教育的协同。在同一学科内，它又表现为一学科内部思想政治资源的协同。

（一）学科间的协同

课程思政是一项教学实践，在这项实践中，各学科间的彼此协同是其重要的表现形式。从思想政治教育的层面上分析，这种学科间的协同表现为从教学资源到教学方法再到教学手段、途径上的协同。

比如，口腔分子生物学与实验动物模型的教学是口腔医学各专业大学生的一门必修课，如何在这门课程中融入思想政治教育呢？遵义医科大学的韩盈盈、刘建国和郎广平为我们提供了这样的案例：

首先，提炼适合口腔分子生物学与实验动物模型教学所适合的思想政治元素。韩盈盈等人认为，这些适合融入口腔分子生物学与实验动物模型教学的思想政治元素主要分爱国主义教育和人文情怀两类。因为在“口腔实验动物模型概述”及“肿瘤动物模型”两章的教学内容中，涉及了权威级专家李肇玫。李肇玫对实验动物研究的最大贡献是其培育出了世界著名的615近交系实验用鼠。615近交系实验用鼠在为肿瘤研究提供实验用鼠的同时，也为其他医学研究提供了支撑。同时，在授课过程中应时刻提醒学生遵守“动物伦理学”相关法律法规，培养其尊重生命、善待生命的理念及人文情怀，帮助学生深刻领悟医学事业的崇高与神圣，树立科学、合理而人道的实验动物使用观念[①]——这就是人文情怀的主要内容。

可见在上述案例里，出现了三个学科间思想政治教育资源的协同：一是口腔分子生物学；二是动物伦理学；三是思想政治学科的协同。

其次，上述案例还体现了思想教育方法上的协同。在口腔分子生物学与实验动物模型的教学过程中，上述案例的提供者，使用了案例分析法。在进行爱国主义教育的时候，他们就把李肇玫培育615近交系实验用鼠的个案作为案例，引导学生在分析中感悟其中蕴含的爱国情感。同样的方法也曾出现在前边所述的《有机化学》这一思政课程里，屠呦呦的案例与这里的李肇玫培育实验用鼠的案例有相似之处。

（二）学科内部的协同

课程思政实践还存在于同一学科之内。在担任同一学科教学的教师之间，他们完全可以依托借鉴的方式，来实现自己的课程思政与其他同事的课程思政实践之间的协同发展。即，在同样的教学内容传授中，采取相同或相似的教学设计思路完成课程思政的任务。

中国古代文学课程在教学中贯彻思政育人功能，要求教师合理定位课程的文化属性、文学属性，在教学内容中精准地挖掘出联系最紧密且在实际教学中最可行的思政元素，灵活运用教学方法达到润物无声的育人效果，对学生学习效果的评价要尽可能具有弹性。[②]引文总结出在古

① 韩盈盈，刘建国，郎广平．“课程思政”融入研究生课程口腔分子生物学与实验动物模型的教学实践初探［J］．卫生职业教育，2020，38（24）:29.

② 李玉栓．在课程思政理念下中国古代文学教学的几点思考［J］．文教资料，2020（29）:194.

代文学课程教学中进行思想政治教育的基本思路。无论是本科阶段的课程思政实践，还是大学生阶段的课程思政实践，几乎都可以采取与之类似的教学模式。

即，首先要兼顾课程的文化属性和文学属性。毕竟古代文学课的属性与思想政治课的属性不同。因而，要突出其文化传承特点，突出古代文学课程的文学本质，然后再进行相关的思想政治教育。

其次，在突出课程属性的前提下，找准思政元素的切入点。这就是说，并不是所有古代文学的教学内容都可以与思政元素结合，或者更确切地说，并不是每一个古代文学知识点里融入思政元素的教育效果都是一样的。基于这样的思考，我们任课老师若要进行思政教育必须找准切入点。只有如此，才能使我们的思想政治教育起到事半功倍的效果。

再次，古代文学课程中的思政教育要以润物细无声的方式进行。即，在学习知识的同时，潜移默化地接受相关的教育。知识的传授与思政教育的有机融合，才能达到这样的效果。

例如，杜甫是一位极具家国情怀的诗人。他的思想受儒家“仁者爱人”的影响比较大。他的诗从关心自己身边的人开始，逐渐过渡到对国家命运的关注。因此，对杜甫诗作的讲解，我们都可以运用相同或相似的方法。

春望

国破山河在，城春草木深。感时花溅泪，恨别鸟惊心。

烽火连三月，家书抵万金。白头搔更短，浑欲不胜簪。

这是一首最能表现杜甫家国情怀的诗作。面对因叛军侵扰而破败的都城，作者看到盛开的花朵而流泪，听到清脆的鸟鸣而心惊。于是他想到了祖国，想到了自己的家，想到了远在家乡的妻儿。在这样的理解下，再看结尾处那位“浑欲不胜簪”的诗人，就更能激发我们强烈的爱国情怀。这种关爱进一步由家人推及朋友。[①] 从自己的家人到自己的朋友，这是有如

① 周裕锴．杜甫诗中的儒家情怀及其思想渊源［J］．杜甫研究学刊，2017（02）:8.

《礼记》中所强调的那样“故人不独亲其亲，不独子其子，使老有所终，壮有所用，幼有所长，矜、寡、孤、独、废疾者皆有所养……”一个人，只有他在赡养自己父母的同时，还想到他人的父母；在抚养自己的子女时，还想到照顾他人的子女，这样的人才是具有大爱的人。杜甫不仅有体现其关心邻居的《羌村三首》等作品，还有描述其对陌生人前途之担忧的“三吏三别”等诸多作品。其中，杜甫的现实主义杰作《石壕吏》一首更耐人寻味。虽然只是自己的夜晚投宿，但他却对战争给这家人所带来的痛苦进行了详细的说明。牺牲在战场上的男儿令人无奈，出入无完裙的生活也令诗人慨叹。诗作结尾处的“独与老翁别”，让读者看到的不仅是诗人对这一家人未来命运的担忧，更是对祖国前途命运的思索。

杜甫的家国情怀可以这样讲，其他诗人的家国情怀也可以这样说。利用诗人的代表作，解析诗人情感流露中的家国情怀，这一规律性的课程思政操作还可以运用于分析白居易的爱国情怀，还可以用于分析苏轼的家国情怀……一句话，古代文学课上的思想政治教育几乎都可以参考采取这样的模式来完成。

二、协同：课程思政的内在本质

课程思政的内在本质也表现为协同。或者说，从课程思政的表象上看，课程思政表现出了协同的特点。

（一）育人目标上的协同

课程思政的育人目标有广义与狭义之分。广义的育人目标是如何构建一个新的育人体系；狭义的育人目标是指把受教育者培养成什么样的人。

站在新时代的历史方位，聚焦全国高校普遍开展课程思政建设的重要任务，依据党和国家的教育方针政策，准确把握新时代课程思政建设的焦点目标、厘清其难点问题、找准其着力方向，成为发挥好各类专业课程的育人作用、使其与思政课程同向同行、构建全员全程全方位育人大格局、培养德智体美劳全面发展的社会主义建设者和接班人的关键所在。[①]据引文所述的内容可分为两部分：一部分是指课程思政的具体操作，即把握焦点目标、厘清其难点问题、找准其着力方向——这是新时期课程思政的具体操作。后半部分所述的内容，即与思政课同行、全员全程育人大格局以及培养德智体美劳全面发展的社会主义建设者和接班人——这是所有课程思政实践都必须要完成的目标。

再如，《高级植物生理学》是生物学专业大学生必修的一门基础课程。结合这门课程的教学，我们应该向大学生们进行什么样的思想政治教育呢？长江大学农学院的邹华文、刘卫娟、王晓玲等人反思自己的教学实践，总结出如下的教学内容：培养爱国爱党精神和社会责任感、培养学生团队意识及协作精神、增强社会主义文化自信与民族自信、培养学生的创新意识、塑造实事求是的科学精神。[②]据引文可知，一门课程里的思想政治教育并不局限于某一个方面，结合所教的内容，任课老师要向学生进行尽可能多的、全面的思想政治教育。故而，在《高级植物生理学》的讲授中，有以上五个方面的思想政治教育得到了强调。同样的教育内容也会出现在大学生的其他课程教学中。仅就其中的“文化自信”而言，它出现在了“口腔分子生物学与实验动物模型”这门学科的教学中，与此同时，“文化自信”的教育，还可以出现在古代文学专业大学生的课程之中。如此多学科的协同，其实有相同或相似的育人目标，即构建一个与思想政治理论课同行的育人体系。

与思想政治理论课“同行”可以这样理解：一是指与思想政治理论协同，共同构建一个新的育人体系；二是指思想政治理论课的教学协同，共同强调相同的教学内容，让学生们在不断学习中，提升育人的效果。从而使高校培养的人才，能够完全胜任社会主义接班人的重任。

---

① 娄淑华，马超．新时代课程思政建设的焦点目标、难点问题及着力方向［J］．新疆师范大学学报（哲学社会科学版），2021（05）．

② 邹华文，刘卫娟，王晓玲．研究生“高级植物生理学”课程思政教学实践与思考［J］．教育教学论坛，2020（49）:69-71．

（二）教改与育人需求的协同

课程思政的本质表现为教改与育人需求的协同。课程思政实践永远都是在追求满足育人需求的过程中不断完善的。

在宏观层面上，“育人需求”就是育人体系的构建。在构建这样的育人体系过程中，首先要明确国家的教育方针、政策。然后再依据国家的方针、政策去把握教育教学的焦点、重点、难点。对于课程思政而言，如何使学科育人与思政课程同向同行，如何构建一个全员全程全方位育人的格局就显得尤为重要了。因为，只有这样的育人体系，才能承担起培养接班人与建设者的重任。面对这样的需求，整个原有的育人体系都要通过改革与之相适应。具体而言，思想政治课程需要改革，现有的学科教学也需要改革。对于大学生而言，专业课需要改革，公共课也需要改革。

在专业课中融入思想政治教育，这样的改革涉及任课教师教学观的转变，涉及任课教师教学全过程的改革。因为，只有这样的改变才能使自己的教学适应课程思政实践的需要。从这点上看，教学改革与育人需求之间的协同才是课程思政实践的本质。

首先，改革教学观以适应育人需求。教学观是任课老师对教学所持有的根本性观点。如何认识教学的本质，决定着他如何设计教学过程，决定着他企盼什么样的教学效果。育人不只是知识的传播，能力的培养，更是思想的教育。

其次，改革教学模式以适应育人需要。教学模式是任课老师在教学过程中逐渐形成的、相对固定化的教学设计。华北理工大学开设的《习近平谈治国理政》这一为大学生基于课程思政视角而设计的课程实践中，有研究者对其授课模式进行了这样的总结：在授课中形成了体系加专题的授课模式，以课堂讲授为主、融合实践教学的教学方法，在授课中坚持分类教学，尊重学生差异，培养学生思维，提升学生对理论的认同。[①]这一教学模式之新主要表现如下：

---

① 宋新宇，李媛媛．研究生思政课《习近平谈治国理政》的教学模式探索与创新［J］．华北理工大学学报（社会科学版），2020，20（01）:83.

第一，体系加专题的模式就是对传统教学模式的改革。在传统的思想政治教育中，专题的形式已存在，体系化的教学也已存在，但是把两者整合后用以把习近平新时代中国特色社会主义思想融入教材，引入课堂，这应该是前所未有的教学尝试。

第二，提升学生对理论的认同与践行，这也是改革。社会主义核心价值观的教学就是这样，基于理论认同，然后才是践行中的价值约束的言行。为此，要先实现社会主义核心价值观的理论进校园。继而再实现社会主义核心价值观理念进课堂，然后才是进入学生的头脑中。夯实了这样的理论认同基础，我们才能谈及对社会主义核心价值观的践行问题。

第三节　理论协同的本质

理论协同的本质可以归结为“创新”。教育教学理论创新的目的在于高效地解决新时代面临的教育问题。即，我们所谓的教育教学改革。

一、理论协同是教学改革的基础

教育教学改革是随着教学实践的诞生而诞生的。教育教学的实施者，为了自己的教育行为能够满足学习者的需要，都在分析教育现状的基础上，反思自己的教学行为，以期获取最佳的教育教学效果。

（一）亟待改革的思想政治教育现状

对高校思想政治教育现状的分析，让我们在理论协同中发现了课程思政。在谈及高校思想政治教育现状的时候，有研究者得出了这样的结论：“高校思想理论课是高校思想政治工作的主要阵地和重要渠道”，思想政治工作融入课堂教学目前也主要还是首先体现在高校思想政治理论课中。但是在实践教学中，思想政治理论课的课堂教学效果却不够理想，有时会出现理论枯燥，课堂出勤率低、抬头率不高等现象。对大学生进行思想政治教育，主要是以课堂教学形式为主导，传授政治知识、引导思想认知。这种形式是以“直线式”思维为基础，教育内容相对滞后，教学方法相对单一，吸引力不高，此时，课程思政理念的提出，对改进当前思想政治理论课的教学效果有直接促进作用。①引文总结了高校思想政治理论课的教学现状，也提出了解决这种现状的具体方法。据引文可知，反思我们的思想政治理论课教学现状，我们就会发现，作者所言事实着实堪忧：第一，理论枯燥不能激发学生的探索兴趣。故而就导致出勤率低。出勤率低又会引起任课老师的职业倦怠等诸多不良教学现象的发生。在如此的循环中，思想政治理论课的效果就会越发地不理想。第二，教学的效果取决于师生的互动。思想政治理论课上“抬头率”不高的事实表明，在传统思想政治理论课上，师生之间的互动频率较低。这又导致思想政治理论课的教学效果不够理想。在这个过程中，不只是教学方法单一令人深思，教学内容滞后也令人深思。第三，课程思政理论解决了上述令人担忧的思想政治教育的现状。正如引文所讲，课程思政从理念到实践，改进了当前思想政治理论课的教学效果。顺着这一思路向下思考，我们就不得不回答另一个重要的教学问题：课程思政为什么能够改进当前思想政治理论课的效果呢？

（二）课程思政改革的缘由

课程思政之所以成为高校思想政治教育改革的首选，理论协同就是其中缘由之一。

首先，作为一种教学改革，课程思政实践拓展了我们解决高校思想政治理论课教学效果不尽如人意的现状。第一，课程思政实践作为补充，拓展了传统的育人渠道。即目前的育人渠道有了主次之分。思想政治理论依然是主渠道，但课程思政与之形成了育人的合力。既然都是为实现共同的育人目标而设计的育人实践，那么高校的思想政治理论课与课程思政实践的相互补充就会使教学方法单一的现状得到改观，就会使教学内容滞后的现状得到转变。上边提到的屠呦呦的案例就是一个最好的例证。屠呦呦这一案例不只是出现在一部编本的高中教材里，而且还出现在大学生的课堂上，这足以说明课程思政从理念到实践的过程中，最大限度地解决了思想政治理论课教学案例滞后的现状。再如，在《大国方略》这一课程思政的

① 陈华栋等．课程思政：从理念到实践［M］．上海：上海交通大学出版社，2020:74–75.

成功案例里，“一带一路带来什么？”“中国梦，谁的梦？”等体现了课程思政能够改变教学内容、教学案例滞后的问题。解决了教学内容的滞后就等于为思想政治教育内容的鲜活化夯实了基础，于是《大国方略》的设计中才有了讨论90后的责任与担当问题。

其次，课程思政是在理论协同指导下的实践。正如前边所谈，从人的全面发展理论到个性化学习的理论，许多新的育人理论都参与了课程思政的实践。换而言之，若无这些理论协同，就没有课程思政的实践。从这个意义上讲，理论协同是教学改革的基础。而教学改革又是传统教学模式的创新。据此反向推理就会得出理论协同的本质就是教学创新的结论。

二、理论协同：拓展了解决问题的途径

教育教学改革是改变高校思想政治教育现状的主要途径。以理论协同为特征的课程思政实践表现为拓展了解决育人问题的途径。

（一）整合高校教育的育人资源

课程思政整合了高校的育人资源。对此，我们可以这样理解：一是高校内部育人资源的整合。二是高校外部，或者说高校与高校之间育人资源的整合。

1. 高校内部院系、学科间育人资源的整合

一个高校拥有的育人资源，可以这样区分：从教学学科归属上看，主要是指各学科思想政治教育资源的整合；从教学管理的行政归属上看，又是各院校之间的育人资源的整合；从资源诞生的时间上看，这里的育人资源又是古今育人资源的整合；从育人资源诞生的所在地域上看，又是中外育人资源的整合。

《生态修复技术》是大学生课程体系中具有综合性学科特点的一门课程。在生态学理念的指导下，参考生物学的研究结论，结合现已被实证成功的物理、化学修复手段，通过优化组合的方式来修复被人为破坏的生态。具体而言，在对生态修复的过程中，需要生态学知识、物理学知识、化学

知识、植物学知识等诸多学科知识的整合。在生态修复技术的讲授中融入思想政治教育，最大的难点主要体现在如下几个方面：教材单一且内容单薄，缺乏必要案例支撑；专业教师思想政治知识的短板。[①]在此，“教材单一”主要是指可供生态修复技术课程所需要的教材，可选择的空间较小。“内容单薄”并非指向专业知识的学习而是在教材中涉及思想政治教育的内容较少。同样，对于生态修复技术课程的专任教师而言，他们对如何融入思想政治教育内容以及如何融入思想政治教育的方法、评价思想政治教育效果等教学知识了解相对匮乏。为了解决课程思政的窘境，或者为了解决生态修复技术课程中进行思想政治教育的难点，上述引文的作者又给出了这样的建议：充分挖掘思政元素，培养学生可持续发展和生态文明思想意识及以案例教学为载体，积极塑造学生“爱家爱国的情怀，以互动参与式教学为路径，激励学生的创新精神”。[②]据引文原文的介绍可知，为了挖掘可融入生态修复技术课程的思政元素，原文作者和同事们一起基于十九大报告中曾 29 次提及“生态”一词的事实以及报告中“像对待生命一样对待生态环境”这样关键性语句来激发学生们对生态问题的关注。然而这只是生态修复中融入思想政治教育的第一步。还要强调生态修复的重要意义。在生态修复中，生态环境演变的规律是生态修复必须遵守的规律，强调人与自然的和谐是提升生态修复效果的基础。这就正如总书记所言“绿水青山就是金山银山”的论断一样。为此，我们就把生态修复技术课程的第二个政治思想教育内容确定为对生态修复价值的强调。而且所引入的教育资源就是习近平总书记有关生态问题的相关论述。这就是实现了时代育人资源与生态修复技术的整合。

同样的方法，我们也可以实现古代育人资源与生态修复技术的整合。在浩如烟海的古代文学作品中，有许多都适合我们在解释古人生态意识的

---

① 廉梅花，李艳，韩德昌，王嗣淇，董秋鹏．“生态修复技术”研究生课程思政实践途径探究［J］．科技与创新，2020（23）:67.

② 廉梅花，李艳，韩德昌，王嗣淇，董秋鹏．“生态修复技术”研究生课程思政实践途径探究［J］．科技与创新，2020（23）:67–68.

基础上把其融入生态修复技术的教学中，或者说把古代文人的作品作为案例，拓展生态修复技术课程的思想政治教育途径。其中，陶渊明的《桃花源记》就是一篇不得不提的作品。其原文如下：

> 晋太元中，武陵人捕鱼为业。缘溪行，忘路之远近。忽逢桃花林，夹岸数百步，中无杂树，芳草鲜美，落英缤纷。渔人甚异之，复前行，欲穷其林。
>
> 林尽水源，便得一山，山有小口，仿佛若有光。便舍船，从口入。初极狭，才通人。复行数十步，豁然开朗。土地平旷，屋舍俨然，有良田美池桑竹之属。阡陌交通，鸡犬相闻。其中往来种作，男女衣着，悉如外人。黄发垂髫，并怡然自乐。
>
> 见渔人，乃大惊，问所从来。具答之。便要还家，设酒杀鸡作食。村中闻有此人，咸来问讯。自云先世避秦时乱，率妻子邑人来此绝境，不复出焉，遂与外人间隔。问今是何世，乃不知有汉，无论魏晋。此人一一为具言所闻，皆叹惋。余人各复延至其家，皆出酒食。停数日，辞去。此中人语云："不足为外人道也。"
>
> 既出，得其船，便扶向路，处处志之。及郡下，诣太守，说如此。太守即遣人随其往，寻向所志，遂迷，不复得路。
>
> 南阳刘子骥，高尚士也，闻之，欣然规往。未果，寻病终，后遂无问津者。[①]

《桃花源记》中的生态思想非常值得我们关注。对此，有研究者这样总结了其作者陶渊明在文中表现出来的生态思想，"陶渊明'自然'之内涵：质性自然；陶渊明新自然观：回归自然；陶渊明新自然境界：顺应自然；陶渊明的理想境界：天人合一"。[②] 细思引文可知，陶渊明的生态思想与我

① 袁行霈．陶渊明集笺注［M］．北京：中华书局，2019.06:65.

② 方淑瑶．陶渊明"新"自然到"新"自然境界的生态思想——以《桃花源记（并诗）》为例［J］．南京林业大学学报（人文社会科学版），2018，18（03）:45-50.

们今天倡导生态修复的初衷具有许多相似的地方。从他对“自然”的理解到他“回归自然”的倡议再到陶渊明的“天人合一”的理念，都是我们在讲解生态修复技术前向学生介绍的育人资源，特别是其中的“顺应自然”的思想。“生态文明、环境友好与资源节约”既是当前中国经济发展模式的目标取向，也是“生态修复技术”这门课程思政改革的价值取向①——而这正与陶渊明的某些生态思想不谋而合。

生态修复技术课程中的《桃花源记》案例的选择，把古代文学作品教学、生态修复技术，甚至是“大气污染控制工程”课程等整合到一起了。因此说，课程思政这一实践在理论协同上实现了对某一高校内部院系、不同学科间育人资源的整合。

2. 高校间育人资源的整合

育人资源的整合，在课程思政实践中还体现为高校间育人资源的整合。高校间育人资源的整合主要是通过课程思政实践设计的思路相互启发、课程思政实践成功经验的分享等途径来实现的。

就以上述生态技术课程中的课程思政实践为例，我们可以把其课程思政的设计思路归结为：

第一，明确课程育人的目标。如何明确“课程育人”这一目标，我们应该从三个层面上进行思考：作为管理者，首先要让专业课的老师意识到这是对传统育人体系改革的必由之路。为此，他们才能牢牢树立课程思政的思想。同时，还要使专业课教师意识到如何结合自己所教学科的特点，思考如何完成思想政治教育的任务。育人不只是思想政治理论课教师的任务，也是我们管理者、专业课老师的任务。唯有如此，他们才能在遇到思想政治教育难题的时候，主动去向思想政治理论课老师咨询解决的办法，或者是主动地去阅读有课程思政的研究文献并把其所获取的阅读感悟运用到自己的学科教学中。

第二，总结课程育人的短板或者说是发现课程育人面临的窘境。专业

① 张晓东，黄远东，王冠．环境工程专业教学中的课程思政教育探索——以“大气污染控制工程”课程为例［J］．上海理工大学学报（社会科学版），2019，41（4）：380-385.

课教学里的思想政治教育有其共性的困难。对于这些共性问题的解决思路，完全可以相互借鉴。在大学生态修复技术中进行思想政治教育的难点总结时，多数的研究者都把总结自己面临的改革窘境作为了首要的研究对象。知其难，才能解其难，这样的研究才能做到有的放矢。生态修复技术课进行思想政治教育所遇到的窘境具有共性的特点。任课教师进行思想政治教育的短板，不只是生态修复技术一门专业课教师需要克服的难点。它几乎成了所有专业课教师进行课程思政的难点。对于专业课的教学而言，这些老师都可谓是轻车熟路，但如何在学科教学中融入课程思政的实践，方法是多样的，向思想政治理论课老师学习可以，阅读相关的教学经验研究性文献也可以，甚至是向同事借鉴，都完全可以帮助专业课老师补齐自己缺乏思想政治教育经验的短板。

第三，挖掘课程育人的资源并运用于课程教学。课程思政实践需要教学资源的开发与之配合，至于如何开发，这又是一个值得深究的话题。上述生态修复技术课的案例告诉我们，至少我们可以结合育人的需求，开发时政要点资源，开发传统文化中已存在的代表性的案例。例如《桃花源记》这样的作品。

（二）总结课程思政面对的问题

理论协同可以帮助我们总结课程思政实践遇到的诸多问题。对此，我们可以这样分析：

首先，理念协同，发现课程思政所面对的壁垒。在课程思政理念与协同理论协同的视角下，我们发现课程思政实践需要打破三个壁垒：课程壁垒、学段壁垒和教学模式壁垒[①]。在目前有关课程思政的研究中，有三个壁垒，只有一个壁垒已被打破。即，在高校的教学中，专业课壁垒已被多数任课老师打破。但是对于其他两个壁垒而言，它们还有待于我们在课程思政实践的深入中逐步解决。特别是对于学段壁垒而言，更是如此。在目前的实践中，大学生学段内的课程思政实践好于中小学学段。与大学生学段

① 陈华栋等．课程思政：从理念到实践［M］．上海：上海交通大学出版社，2020:35.

的课程思政相比，中小学学段的课程思政实践开展得不够充分。这里的充分，一则是因为课程思政在大学生学段的起步较早，二则是因为大学生学段的研究成果丰富。

教学模式壁垒的突破是随着课程思政实践的展开而完成的。原来的专业课教学，都是以专业知识的传授为主，而在课程思政的视角下，专业课的教学模式变成了专业知识 + 思想政治教育知识的传授。综合以上所提及的各种案例，我们都能发现这样的规律性的、共性的结论。

其次，课程思政理念与教学评价理念协同，发现构建新评价体系的问题。教学评价是对整个教学过程的反馈，涉及教学目标的设定、教学内容的选择，特别是对教学效果的考查，更是教学评价体系构建研究的重点。课程思政的实践不仅在专业课教学目标中融入了思想政治教育的因素，更是把思想政治教育所需的教学资源开发等许多教学环节纳入了专业知识的传授之中，正是对传统专业课教学的整体改革，才让课程思政实践备受大家的关注。这就意味着，全新的教学实践，与众不同的教学过程，全面育人的效果，都需要一个新的评价体系来与之相适应。

在针对各学段课程思政效果的评价研究中，大学生学段的评价体系既领先于中小学学段课程思政的研究，又领先于中小学生学段的评价体系研究。因为，当我们以“大学生”“课程思政”“评价”为主题词进行搜索的时候，在偌大的知网上，搜索结果为零。而当我们把主题词更换为“课程思政”和“评价”的时候，出现了几篇关于探讨如何评价本科生、高职生课程思政实践的文章。《职业院校课程思政有效性教学评价体系的构建》等少数几篇文章就是例证。关注这一问题的研究者少之又少，但这并不意味着课程思政的评价问题不是课程思政研究的焦点。探讨课程思政的评价问题，至少需要课程思政理念与评价理论的协同。在理论协同中发现问题，在理论协同上解决这些问题，这是理论协同的关键所在。

再次，课程思政理念与个性化学习理论整合，让我们又发现了构建个性化学习视域下课程思政实践教学模式的问题。在这个教学模式的构建中，重点需要关注以下问题及其解决的方法：

第一，教学案例的更新。既然是个性化学习，那么就应该以满足学习者的学习需求为目的。因而，它的教学案例必须是能够满足各类学习需求的案例。正如前边谈到的生态修复技术课程中的思政实践那样，必须选择那些能够诠释新生态思想的案例来教学。新生态思想并非凭空出现的理论，它对传统的生态理论既有继承又有取舍。因而，虽然陶渊明的《桃花源记》是晋代的作品，尽管陶渊明是晋代的文学家，但他在文中表现出来的生态思想对于环境保护仍然有启示意义。

第二，重新认识学科与思想政治教育之间的关系。如果把个性化学习比作一座生活中的桥梁，那么它所联系的两端就分别是学科教学和思想政治教育。无论学科教学，还是思想政治教育，它们都会在个性化学习的联系中实现相互促进式的发展。目前不少人都认为，在学科教学中融入思想政治教育，获益最大的是思想政治理论课。其实不然，学科教学也会因学习者思想政治觉悟的提升而得到发展。只有认识到了这一点，如何构建个性化学习模式的问题才会成为研究者们主动研究的课题。

第四节　实践创新的本质

"创新"的本义是"创造"或者"创造新的"。在此基础上，再对其创造的目的与创造的结果进行整合性分析，我们就会得出这样的结论：创新，其实就是对需求的最大化满足。对于课程思政而言，实践创新的本质就是利用新的思路、新的方法，在已有育人资源与新开发的育人资源的彼此协同下，完成新的育人需求。

一、实践创新是新理论的创造

课程思政实践的普遍实施带来的直接后果是传统育人理念的更新或者新育人理论的创造。新理论有两个层面上的表现：一是新术语、名词的出现；二是解决新问题的经验的理论体系化构建。

首先，新名词、术语的诞生，往往代表着一个新理论的出现。一个新术语的出现往往会经历如下两个阶段：一是对实践的反思，二是在争鸣中，术语的内涵不断地明晰。在前边的界定中，我们选择的界定是这样的：课程思政，即将思想政治教育元素，包括思想政治教育的理论知识、价值理念以及精神追求等融入各门课程中去，潜移默化地对学生的思想意识、行为举止产生影响。①

① 王学俭，石岩．新时代课程思政的内涵、特点、难点及应对策略[J]．新疆师范大学学报(哲学社会科学版)，2020(02):51.

在另一则研究文献里，作者对“课程思政”内涵的界定是这样的：课程思政实质是一种课程观，不是增开一门课，也不是增设一项活动，而是将高校思想政治教育融入课程教学和改革的各个环节、各个方面，实现立德树人，润物无声。①

比较上述两则概念的界定可知，它们既有共同之处，也有些许的不同。第一，两则概念均强调融思想政治教育因素于课堂教学之中。尽管两者的表述不尽相同，但揣摩字里行间的语意，这一点还是不难发现。第二，两则概念均强调了课程思政的功能。“立德树人”。在第一则概念的界定中，作者是以理论对实践的约束来体现的。即，对学习者的思想意识、行为举止产生影响。在第二则概念界定中，作者意在理论概括，即以“立德树人”来概括课程思政对学习者的影响。而且用“润物细无声”来强调育人的方式。这就又让第二则概念的界定与第一则概念中的“潜移默化”产生了联系。

有相同之处，也有差别之点，在第二则概念界定中，作者明确指出“课程思政”是一种课程观。即如何看待课程，决定着任课老师对课程思政本质的认识。继而又强调高校教学要把全部的思想政治教育融合到全部的教学环节。虽然这一点与第一则概念界定相似，但作者认为课程思政是一种课程观的理念还是符合课程思政实践的。

其次，在解决现实问题的过程中，课程思政的理念向体系化发展。这也就验证了课程思政的实践旨在构建一个新的育人理论体系。课程思政面对的是某一学科的教学，也是高校所有学科的教学。因而，对课程思政如何构建新的育人体系，我们完全可以从两个层面上思考。

例如，IT 类大学生培养中的课程思政实践是一个难点。理由有三：一是知识点更新的速度较快，即使有成功的经验也会因为知识点的更新而没有办法再次被借鉴者应用于自己的课程思政实践。二是 IT 类大学生更加关注技术的学习，很少有人能够在主观层面上关注教材里的思想政治教育问题。三是在 IT 类大学生培养中，思想政治教育的需求，随着信息安全局势的复杂化显

① 高德毅，宗爱东．课程思政：有效发挥课程育人主渠道作用的必然选择［J］．思想理论教育导刊，2017（01）:31–34.

得越来越重要了。为了解决这样的困境，有研究者提出在IT类大学生培养中可以进行思想政治教育的思路：在《信息安全》中进行爱国主义教育；在《人工智能》的讲解中融入拼搏精神的培养；在《社会网络分析》中倡导健康生活、责任担当；在《机器学习》里整合科学精神；在《矩阵分析》中培养学生的创新精神。[①]《信息安全》《人工智能》《社会网络分析》《机器学习》《矩阵分析》都是IT类大学生的必修课。这些课程既有相同之处，又有差别。在《信息安全》中如何进行爱国主义的教育呢？引文作者给出了两个答案：一是"没有网络安全就没有国家安全，没有信息化就没有现代化"这句是习近平总书记的嘱托。二是晋商创造的汉字密码法。晋商的票号生意，凭借这一方法，从未发生过款项被人冒领的事情。这两个思想政治元素的融入，有两个非常重要的作用：一是信息安全的重要性。从习近平总书记的话里，我们看出了信息安全的潜在意义；从晋商创造的汉字密码里树立了文化自信。

信息安全教育是一项长远的实践。若能在运用上述案例的同时，添加一些现代的安全案例，同样也可以完成相应的思想政治教育工作。在信息安全的教育中，添加一些新闻事件，同样也可以让IT类大学生意识到信息安全的重要性。央视网曾以"国家安全部披露多起境外APT窃密案例"为题报道了一系列有关信息安全的新闻事件，配合第五个"全民国家安全教育日"宣传活动。文中指出这些窃密者曾经利用特种木马，对我国重要的关键设备进行大规模、高强度的网络攻击，为了窃取数据，国外窃密者甚至专门组建网络攻击平台，发动钓鱼攻击邮件。在总结网络攻击窃密的特点时，该文中有这样的表述：当前，APT窃密行为包括三大特点，即攻击领域广泛，规模庞大；攻击目标多样，全网覆盖；攻击技术先进，手法复杂。[②]引文虽短，但它却是我们向IT类大学生进行思想政治教育的重要材料：第一，"攻击领域广泛，规模庞大"意味着我们面临的信息安全形势正

---

① 常新功，郝丽霞.IT类研究生课程思政教育案例探讨[J].电脑知识与技术，2020，16(25)：111–112.

② 周斌.国家安全部披露多起境外APT窃密案例（http://news.cctv.com/2020/04/14/ARTI5ExsRwJOqf3Ui68cJyDC200414.shtml?spm=C94212.PgpW6iHwijV5.S80137.7）.

在向复杂化的方向发展。“攻击领域广泛”表明各行各业在利用计算机的时候，都会有受到攻击的可能性。因此，谁也不能抱着侥幸的心理。“规模庞大”意味着窃密者已形成了一定的势力、掌握了相关的窃密技术。这是一场有组织的网络攻击行为。“攻击目标多样，全网覆盖”告诉我们，每一个计算机的使用者都有可能成为网络窃密者的攻击对象。这意味着普及信息安全，树立防范意识的迫切性与重要性。“攻击技术先进，手法复杂”说明窃密的技术在不断发展，要防范这样的窃密行为，没有精湛的专业知识是不行的。与此同时，这也意味着，IT 类大学生还要有防范意识。在我们的典故宝库里，有一个出于三国时期的典故，叫作“大意失荆州”。

大意失荆州，即三国时期，名将关羽失去荆州三郡（南郡、武陵、零陵）的典故。赤壁之战后，原本统一的荆州郡被刘备、孙权、曹操三家势力分别占据。刘备所占据的荆州部分地区，即桂阳、武陵、长沙、南郡、零陵由关羽把守。在关羽的防区内原本有七个地区。但由于长沙、桂阳是当初刘备向孙权所借，故而关羽守卫的只是剩下的五个区域。后来关羽出兵攻击襄樊时，东吴大将吕蒙趁机偷袭，关羽失去了剩下的五个地区。这次战斗给人的启示是，关羽由于粗心与骄傲轻敌，最终把自己有能力守卫好的地盘白白送给了盘踞在东吴的孙权。论能力，关羽大意失荆州给信息安全教育的启示就是与良好的防备技术能力相比，牢固的防范意识更为重要。

二、实践创新是体系的构建与突破

课程思政的实践是一个新育人体系的构建过程，而这即将被构建的体系又会被不同的实践者所突破。因而，我们说课程思政的创新就是对育人体系的构建与突破。

（一）实践创新是新育人体系的构建

大学生的课程思政实践还处于一个新育人体系的尝试构建阶段。这是因为大学生阶段的课程思政才刚刚开始被付诸教学实践。“新势态下，通过对大学生线上课程思政所面临的契机和挑战进行分析，提出建立课程思政元素共享案例库、线上课程思政督导体系、线上教学技能培训，以及构建全面课程思政评价体系等方面建议，为做好大学生线上课程思政教育提供路径支持……”[①]详读节选的原文可知，本文作者旨在探讨线上大学生教学中的课程思政实践。依据作者的建议，线上大学生课程思政的教学模式由四部分组成：

一是课程思政元素共享案例库。反思自己的课程思政实践，我觉得这个共享案例库的构建具有多维层面上的意义：首先，这个案例库可以为本学科教学教师如何进行思想政治教育提供指导。虽然有许多任课老师也想结合教学内容对学生进行“如盐入水”般的思想政治教育，但基于无案例可借鉴而不知所措。还有一些老师也想结合自己的教学内容向学生进行思想政治教育，但因缺少对思想政治教育内容的把握，而不知道从何处着手设计自己的教学。构建这样的共享案例库，可以解决上述两个方面的问题。其次，这个共享案例库的构建过程也是对其他人课程思政实践的经验总结。毕竟不是每一个人的课程思政实践都能成为共享案例库的选择对象。

二是督导体系的构建。这一体系一般会有三个方面的职责：其一是督导案例库的构建中，时刻关注对课程思政成功案例的选择，录入。其二是督导从事课程思政实践的老师，关注他们对数据库里案例的运用情况，在提升课程思政效果的同时，提升案例数据库的利用效率，彰显所选案例对课程思政实践的推动作用。其三是在督导中反馈学生的学习情况。评价学生是否在这些案例的运用中接受了思想政治教育。

三是线上教学技能培训。这是教师继续教育的重要组成部分，利用这样的技能培训可以实现多个层面上的目的：其一是使被培训者掌握线上课程的制作、录播技术，保证线上课程的效果。其二是在培训中，使受培训者知晓思想政治教育的教育方法。同样是线上课程，专业知识的教学显然有别于思想政治教育。为此，在这样的培训中，我们要使被培训者学会专业知识与思想政治教育整合的方法。

四是健全评价体系。课程思政实践与共享数据库的建立，都需要有一个评价体系的构建与之相适应。这种适应，一则方便反馈课程思政的教学效

---

① 赵研，王金梅，田雨晨．新势态下研究生线上课程思政教育教学模式探析［J］．沈阳工程学院学报（社会科学版），2021，17（01）:130.

果，二则可以保证课程思政改革能够在全方位的实践中得到持续性的发展。

引文作者提供了这个课程思政模式能否被付诸实践，或者说能否变成一种现实，这还有待于时间的验证。至少有那些参与大学生课程思政实践的人总结了自己的成功经验，至少有人在借鉴他人提供的经验在完善自己的课程思政实践。故而说这一模式即将成型。

（二）实践创新是体系的突破

专科学生学段的课程思政体系还尚未取得像本科学段的课程思政那样的成果。但作为相同或相似的实践，专科学生学段的课程思政也会走过本科学段课程思政那样的过程。课程思政在本科学段就经历了体系的构建与突破的过程。

本科学段的课程思政实践育人体系的突破表现为课程思政实践的不断拓展。在本科的课程思政实践上，大家的关注点一开始都集中在教学内容与思想政治教育的整合上。例如，在《公司法》的课堂上，课程思政多是这样进行的：

知识点	德育内容
公司的营利性	由公司的社会责任引出个体的社会责任
注册资本	由注册资本门槛降低，引出政府简政放权的改革，希望学生看到政府的努力与进步。引导学生“少抱怨、多干事；少批判、多建设”
出资方式	由知识产权出资，引出“学生要持续对自己的智力进行投资，使其终身学习、终身受益”
公司的名称	由“上海资本家竞争力顾问有限公司”因名称不当被驳回注册申请，引出“反对低俗化”
董事、高管任职资格	由贪利性（贪污、贿赂类）犯罪的行为人任职受限，引出“君子爱财，取之有道”，进而引申出“君子爱名”也要“取之有道”
董事、高管竞业禁止	由董事高管的忠实义务，引出要“忠诚于团队，服务于团队”
有限责任公司股权转让	由离婚时对一方股权的分割，引出“在婚恋中不攀附、不依靠别人，经济独立、人格独立”
上市公司股票转让	由大学生用学费炒股，亏空后借高利贷导致债台高筑，引出“不加节制的欲望是可怕的，贪婪更会给人毁灭性的打击”

续表

知识点	德育内容
非上市公司	由华为与老干妈这两家非上市公司的成就，引出“人生就像赛场，理想不容退场”①

分析上表这一《公司法》教学中的课程思政实践过程的详细描述，我们会发现其所有的思想政治教育均是把思想政治教育的内容与教学内容的整合为切入点。或者说，每一个思想政治教育的内容与《公司法》每一个知识点的整合几乎都是固定不变的。“公司的营利性”与“由公司的社会责任引出个体的社会责任”之间是对应的；“董事、高管竞业禁止”的讲解与“由董事高管的忠实义务，引出要‘忠诚于团队，服务于团队’”是对应的。这就是教学模式化的表现。

专业课的教学，不只是教学内容里可以融入课程思政实践，在教学方法的选择与创新性运用中也可以实现课程思政的目的。于是，随着本科学段课程思政实践的发展，就出现了任课老师把课程思政与个性化学习改革整合的案例，案例的实施者获取了这样的经验总结：比如，艺术院校的学生具有自身的思维特点，在开展大学英语课程思政教学时，应从教材的选取、教学目标的设定、教学素材的挖掘、教学方式的转变以及评估体系的调整几方面系统地制定适合艺术院校学生的大学英语课程思政教学模式，根据学生的专业背景，采用学生喜闻乐见的方式润物细无声地开展思政教育，实现个性化教学。② 分析引文作者的实践可知，他们的课程思政实践首先考虑到了艺术学院学生的个性，继而又让自己的课程思政教育在教材的选取、教学目标的设定等多个层面上体现出与其他学院课程思政实践的不同。从艺术学院学生的个性到艺术学院任课老师教学的个性再到开展课程思政实践的个性，在引文作者的教学中，他把个性化学习改革与课程思政实践的整合，取得了良好的效果。

---

① 王英龙，曹茂永 . 课程思政——我们这样设计（理工类）[M]. 北京：清华大学出版社，2020.06:7.

② 赵星星 . 突出校本特色的个性化大学英语课程思政教学设计——以新疆艺术学院为例 [J]. 湖北开放职业学院学报，2020，33（23）:73.

4

第四章

资源转化构前提

个性化学习与课程思政的理论协同指导的课程思路实践创新是从思想政治教育资源的转化开始的。没有可以匹配的思想政治教育资源供专业课老师选择，那么专业课的教学很可能还会再次落入传统教学的窠臼；如果没有专业课教学资源的课程思政化转化，那么我们所倡导的课程思政实践又很有可能会与我们的预期相差甚远。

第一节　时政资源的转化

把时政资源纳入专业课的教学实践之中，这是所有学段课程思政实践的首要前提。在时政资源的转化中，我们要关注如下几个方面的问题：

一、时政资源及其价值与转化途径

（一）时政资源

时政资源是立德树人的重要媒介。在课程思政的实践中，它是必不可少的。但是，时政资源并非都能直接运用到课程实践之中，因此，它需要转化成教学可用的资源之后，才能被运用到思想政治教育的实践里，才能在课程思政的实践中彰显自己的教育教学价值。因此有人说，挖掘时政资源的教学价值，就是在“育德”和“育心”的过程中运用时政资源，实现立德树人的培养目标。[①] 但在挖掘之前，需要简要地明确什么是“时政资源”。

什么是时政资源呢？“时政资源”中的“时政”一词，限定了资源的属性，点明了资源的特点。“时”强调了资源的时效性，“政”点明了资源的政治属性。即在新近发生且具有思想政治教育价值的国内外重大事件。

在这样的界定中，我们强调的重点有二：一是资源的时效性——“新

① 蒋捍，郭海英 . 时政资源的教学价值、开发与运用［ J ］. 教学与管理，2019（01）:74.

近”；二是资源的价值特点，即具有思想政治的教育价值。因而，“时政资源”并不与“时事政治”完全等同。凡是那些新近发生的重大事件都可纳入时政资源之中，并非单纯的政治事件才是所谓的时政资源。科学研究的最新成果、社会的焦点事件、重大的政治活动，都是我们此处所谓的“时政资源”。

（二）时政资源的价值

明确时政资源的育人价值，才能让我们树立利用时政资源参与课程思政实践的意识。时政资源的教育教学价值一般是依赖于应用的方式来挖掘并体现的。不同利用方式会让相同或相近的时政资源得到不同方面、不同层面的体现。依据时政资源参与课程思政实践的不同方式，我们可以这样归纳时政资源自身的教育教学价值：

首先，明确课程思政的教改背景，指引课程思政的发展方向。时政资源的挖掘与转化，在对学习者产生积极影响的同时，也会对课程思政实施者产生积极的影响。比如，在时政资源的转化中，可以使课程思政的实施者更加明确课程思政的教改背景，指引他们如何设计与实施自己的课程思政实践。

结合时政资源，高校的老师们可以意识到课程思政改革是一项势在必行的实践。每一个人都要参与，每一个学科都要实践。唯有如此，才能胜任自己的工作，贯彻国家要求。中国教育在线官方账号在2020年6月曾发布了题为《教育部：课程思政建设要在所有高校、所有学科专业全面推进》的新闻。分析文题可知，作为主管部门，教育部发文要求各高校，各学科专业都要全面推进课程思政改革。该新闻的主要内容是对发布《高等学校课程思政建设指导纲要》的说明。其中在提及高校课程思政体系的设计时，《高等学校课程思政建设指导纲要》如下的表述足以让高校的管理者、教师以及在校大学生明确课程思政改革的背景：

> 一是强调要科学设计课程思政教学体系。
>
> 二是结合学科专业特点分类推进课程思政建设。

三是推动课程思政全程融入课堂教学建设。

四是着力提升专业教师的课程思政建设能力。

五是完善课程思政建设评价激励机制。①

教育部具有权威性。既然是由这一主管部门强调、布置的教育改革，那么课程思政的实践就理应引起我们的重视。从以上的引用中可知，“科学设计课程思政体系”是高校管理的职责，“结合学科专业特点”分类推进课程思政建设是具体的规划；“融入课堂”教学是对一线专业课老师的要求，提升“专业教师的课程思政建设能力”是保证课程思政实践取得成功的关键，“评价奖励”机制的设计，既是督导课程思政实践，又是评价反馈完善课程思政实践信息的必然。因而在这样的背景下，每一个高校教师都会意识到课程思政改革背景的存在。

其次，补充思想政治教育内容，避免思政教育的滞后。时政资源可以在补充思想政治教育内容的同时，实现带动课程思政实践的快速发展。思想政治教育的内容具有继承性，也具有革新性。许多新的教育内容往往会以时政资源的方式体现在课程思政的教学资源里。例如，《高级植物生理学》是一门极其重要的基础课，植物学专业的大学生、植物保护学的大学生、生物学的大学生，甚至是园艺学的大学生，都要进行这门专业课的学习。在这则《高级植物生理学》教学中，如何进行思想政治教育的案例里，研究者总结出了五种可以融入课程教学的思想政治教育内容。其中就有“增强社会主义文化自信与民族自信”的教育②。《高级植物生理学》以研究植物体的生命活动规律与生活现象为主。故而在教学中，“植物次生代谢”和“光合作用”“基因组学与蛋白质组学”等均是其重要讲授的内容。在讲授“植物次生代谢”的时候，任课老师选择的案例是屠呦呦发现抗疟药方青蒿

① 中国教育在线官方账号：教育部：课程思政建设要在所有高校、所有学科专业全面推进（https://baijiahao.baidu.com/s?id=1668782917370156210&wfr=spider&for=pc）.

② 邹华文，刘卫娟，王晓玲．研究生“高级植物生理学”课程思政教学实践与思考［J］．教育教学论坛，2020（49）:70.

素并获取大奖的案例。获取国际大奖，意味着世界对屠呦呦研究的认可，意味着中国的植物学走在世界的前列；在“光合作用”的讲解中，老师们选择的案例是汤佩松先生和阎隆飞两位研究者的例子。他们两人的重要发现是“小球藻中也存在碳酸酐酶”这一科学事实。在“基因组学与蛋白质组学”的讲解中，老师们选择的案例是我国首次人工合成具有生物活性的结晶牛胰岛素的案例。这三则案例所获取的科学成果，有的可用于治疗疟疾，有的可用于航空、航天，有的可以治疗动脉硬化。结合这些科学家及他们的发现，可以让学生深刻地感受到社会主义制度的优越性，可以更加坚定他们的爱国心，提升他们的社会责任感——这就是我们所说的“文化自信”。

反映文化自信的时政资源有许多。文化自信是一个民族、一个国家以及一个政党对自身文化价值的充分肯定和积极践行，并对其文化的生命力持有的坚定信心。① 可见时政资源的转化对课程思政实践的重要性。

《高级植物生理学》的课程思政实践也可以证明这一点，考古学大学生的专业课教学也能证明这一观点。考古学隶属人文学科，是历史学的重要分支。

考古学，即考究古代的学科，属于人文科学。依据古人类活动遗留下来的物质资料，推断古代人类社会的发展状况，进而明确古代社会发展水平。因此，在考古教学中，许多老师都利用中国电视台《考古公开课》中的资料来帮助学生树立文化自信。在“甲骨文的前世今生”的节目中，就曾以甲骨文的发现为讲述媒介，介绍了中国考古学的诞生及神秘的甲骨文。

再次，激励参与者的教改热情，提升教学效果。课程思政教改的参与者，其实有三个层面上的组成：高校教育教学的管理者、专业课的任课教师以及参加学习的本科生、大学生。这些之所以能够主动参与课程思政实践，与大量的时政资源参与教学有很大的关系。管理者，从这些时政资源参与课程思政实践的过程中，看到了任课教师参与教学改革的积极性；任

---

① 新华网 . 文化自信——习近平提出的时代课题 .2018 年 08 月 05 日 08:18:06 Xinhuanet.com/Politics/2016-08/05/C 1119330939.ht.

课教师在利用这些时政资源进行思想政治教育的过程中，发现了教学效果的提升，看到了师生互动频率的提升；作为一个教学的参与者，众多的本科生、大学生在与教师的互动中，满足了自己的学习需求，明确了自己的社会责任与担当。如果用一句话来概括这一事实，那就是所有的课程思政参与者，都在课程思政的实践中，使自己的需求得到了满足。

例如，IT 类大学生课程的《社会网络分析》教学中，任课教师往往会把“健康生活与社会责任担当”① 作为思想政治教育的主要内容。《IT 类大学生课程思政教育案例探讨》的作者，常新功和郝丽霞两人给出的案例是 NCP 与 SARS 的传播。NCP 与 SARS 都是危害人类健康生活的重大传染病。当 NCP，即新型冠状病毒肺炎在世界上任意传播的时候，唯有中国取得了抗击疫情的胜利。因此，在疫情面前，我们应该担负起什么样的责任，这是许多学生思考的重要话题。当把其引入《社会网络分析》教学中时，这不只是对教学内容生活化的思考，更是结合社会网络分析的知识点对大学生进行思想政治教育的最佳时机。

最后，时政资源参与课程思政实践，反馈着我们思想政治教育的效果。高校思想政治教育的最终效果会通过学生的言行来体现。当我们要评价新冠肺炎疫情这一时政资源进行思政课程的教育效果时，可以结合时政新闻资源来挖掘需要的反馈信息。2021 年 1 月 5 日，河北省因突发疫情，宣布进入战时状态。据新华社报道，在涞水疫情防控队伍中，大约有 600 名大学生志愿者。在涞水县城内的各个社区、各个农村卡点，都可以见到这些大学生志愿者的身影。这不就是大学生们在用自己的行动向我们表明他们在新冠肺炎疫情面前的担当吗？

（三）时政资源的转化途径

既然时政资源在思想政治教育中有如此多的价值彰显，那么就应该探讨如何把时政资源转化为课程思政资源的问题。时政资源的转化是以课程

---

① 常新功，郝丽霞．IT 类研究生课程思政教育案例探讨［J］．电脑知识与技术，2020-09-05:112.

资源的开发为前提的。现结合高校思政资源的开发实践与课程思政实践的特点，对其转化的途径进行归纳与总结。

首先，时政的数字化。教育信息化是大学生教育发展的必然趋势，为了提升时政资源的利用效率，降低任课教师的备课负担，时政资源转化的首要途径是数字化。即，把那些具有思想政治教育价值的时政资源转化为可以直接利用的数字资源。很多时政资源都是以文字陈述的形式而存在的，为了使其可以直接融入课堂教学中，我们必须把其转为数字资源，包括图片、音频文件、视频文件等格式的资源。在《社会网络分析》教学中为了进行社会责任感的教育，老师直接用语言叙述600名大学生志愿者参与涞水抗疫的个案，肯定不如用图片彰显这些志愿者出现在各处卡点上的效果好，肯定不如用截图的方式向学生展示新华社官方账号的报道更能让学生感受到600名大学生志愿者参与抗疫的真实性。

其次，时政资源生活化。时政资源只有完成生活化的转化才能进入课堂教学中，才能进入大学生的大脑。这里的“生活化”有两个含义。即把时政资源转化与学生日常生活或大学生活、学习工作、校园文化整合后才能彰显这些时政资源背后的教育价值。在思想政治教育的实践中，学生的日常生活、大学生活与学习工作、校园文化之间并非截然分开的。《高级植物生理学》中融入合成结晶牛胰岛素的案例就体现了这样的特点。合成“结晶牛胰岛素”是高级植物生理学的研究成果，科研人员在研究中付出的艰辛，就是这一专业大学生应该具备的研究品质。因而，这样的案例如果运用到其他专业的大学生课程思政实践里，其取得的效果肯定比不上这一专业课上的教学。其他专业的大学生，因为专业知识的缺失，他们没有这类生活体验，故而感受不到这样的研究成果所带来的自豪感。

再次，时政资源专业化。课程思政最大的特点就是专业知识的传授与思想政治教育的同步，故而那些可以融入课程思政的时政资源必须要经过专业化的转化，否则，我们的思想政治教育就会与专业课教学脱节。

在这类转化中，我们任课老师首先要发现专业课教材里缺少哪类思想政治教育的资源。知不足，才能想办法去弥补这样的不足。于是面对国内生态修复技术专业教材里缺少案例分析的事实，有研究者提出了这样的解决对策：教学团队鼓励学生以作业研讨的形式在网上搜索并下载最新的TOP SCI期刊论文，其内容涉及不同生态环境，如土壤、大气、水资源等污染问题，以及红树林、湿地系统和土壤沙化等生态系统退化等方面的案例……[①]引文作者的教学思路告诉我们，时政资源的专业化途径之一就是把其融入研究现状中。为向学生进行思想政治教育，或者为向学生进行生态思想的教育，在生态修复技术的专业教学中，我们首先要选择反馈研究现状的案例，然后再通过这些案例向学生进行相关的思想政治教育。

其次，时政资源的专业化可以通过案例选择来完成——这是上述教学个案给予我们的启示。既然反映研究现状的案例可以成为思想政治教育的媒介，那么反馈专业历史的案例也可以成为思政教育的媒介。有很多科学研究都是在保密的前提下进行的，只有当研究者逝世，他们的研究成果、研究经历才会被解密并随之公布于众。有“两弹元勋”之誉的邓稼先及其研究原子弹、氢弹的过程就是如此。因此，当邓稼先的案例出现在核科学技术专业课堂上的时候，我们的观点就得到了例证。

再次，时政专业化的途径还可以通过与教学法整合的方式来完成。案例教学法在最近的教学改革中才受到了任课老师的青睐。案例教学法参与专业课教学的过程时，就会有大量的诸如邓稼先一样的案例出现在核科学技术专业大学生的专业课上。

① 廉梅花，李艳，韩德昌，王嗣淇，董秋鹏．“生态修复技术”研究生课程思政实践途径探究［J］．科技与创新，2020（23）:67.

第二节　传统德育资源的转化

课程思政改革是传统德育教育实践的继承与发展。因此，许多传统德育资源都会出现在高校课程思政的实践之中。但是在这些传统德育资源未正式进入课程思政实践之前，也都像时政资源一样，经过了现代转化。

一、传统德育资源及类型

明确传统德育资源的内涵，然后才能探讨它的分类问题，从而为探讨传统德育资源的转化夯实理论基础。

（一）传统德育资源的内涵

“传统德育资源”一词由三个部分构成：传统、德育与资源。其中“资源”一词在上边的叙述中已有所说明，故在此不再赘述。从词性上看，“德育”一词既有名词性，又有动词性。名词性的“德育”是指与“美育”“智育”等并列存在的一门学科；动词性的“德育”则是指向一种教育实践。它整合到各种学科的教育教学之中，是一种特定的教育内容。这里的“传统”是一个相对意义上的时间界定。没有特定的时间段，也没有特定的内涵指向。基于这样的分析，我们把所谓的“传统德育资源”的内涵可以界定为：有别于当代德育实践所使用的教育素材及德育思想、经验、方法的总结。

(二)传统德育资源的分类

依据上边的界定可知,传统德育资源可简要地分为三类。即,传统的德育素材、传统德育的思想资源、传统德育的方法资源。

首先,传统的德育素材。素材类资源可分为两类,一类是成功的德育实践个案,另一类是个人成长的案例。作为一项实践,古代德育成功的个案完全可以被我们课程思政实践的老师所借鉴。价值引领是课程思政实践的主要任务之一,宣传与构建社会主义核心价值观是我们进行思想政治教育的主要内容。特别是对于“敬业”而言,更是我们课程思政实践要宣传的核心。古代有许多“敬业”的案例素材:

素材一:孔子讲“敬业”。孔子解释“敬业”用的是这样的语句:“敬事而信,节用而爱人。”还原它的语境,其原句是:“道千乘之国,敬事而信,节用而爱人,使民以时。”在这里,孔子先假定了一个“千乘之国”的事实,即治理一个极其富有的国家时,管理者要认真对待自己所面临的每一个问题,无论问题的大与小,我们都要认真对待。只有如此,才能取信于民。换而言之,取信于民依靠的是敬业;在役使百姓的时候,不能有违农时。

俗话说“谷雨前后,栽瓜种豆。”如果错过了这个时间,即使栽了瓜,种了豆,也不可能有收成。所以认真对待自己的每一件事,就是敬业;协助他人认真对待他们的事,也是敬业。基于这些来看,一个管理者的敬业,就是对工作上的认真,人尽其才,物尽其用,就是敬业。

素材二:朱熹对敬业的论述更为简单:主一无适。这是一句概括性极强的语句,失去了孔子那样的案例,一般人很难理解。“主一无适”即集中精力去做好自己的每一件事。不能好高骛远,也不能粗心大意。

如果说上述两个素材都过于理性,不太适合运用于理工科大学生的课程思政,那么下边还有更多的生活案例值得我们选择:

素材三:诸葛亮的一生最能彰显什么是敬业的内涵。为了回报刘备的知遇之恩,他联吴抗曹,为刘、孙、曹三分天下可谓是兢兢业业。诸葛亮真实的一生与《出师表》中所述,可谓完全一致。“夙夜忧叹”是其敬业,

“唯恐托付不效”也是他的敬业。面对昏庸的后主刘禅，诸葛亮设计了“亲贤远佞”的振兴计划，提出了“赏罚分明”的措施，一次次地北伐，直至病逝五丈原。真可谓演绎了鞠躬尽瘁，死而后已的敬业精神。

素材四：如果说诸葛亮是一位敬业的大臣，那么雍正皇帝就是敬业的君主。在位只有 13 年，每天的睡眠时间不足 4 个小时，仅其批阅的奏折文字的总数即多达 1000 多万字。

如果上述素材能够与课程思政实践协同，这四个案例，既有理论上对敬业的阐释，又有实例对敬业的说明。结合这样的案例，大学生不只可以知晓自己个人成长中如何敬业，更可了解敬业对国家发展，对个人成长的积极影响。

其次，传统德育的思想资源。这类资源也可分为两类：一类是如何进行德育教育的思想，另一类是德育教育应该关注哪些思想内容的教育。如老子的《道德经》和古代知名的家训类作品、家规类作品。“崇俭抑奢”“柔弱不争”“诚信不欺”这是老子在《道德经》中强调的人格教育的重点内容。第五十九章中，老子对于节俭又有这样的论述：治人事天，莫若啬。夫唯啬，是谓早服；早服谓之重积德；重积德则无不克；无不克则莫知其极，莫知其极，可以有国；有国之母，可以长久。是谓根深柢固，长生久视之道。[①]分析引文可知，古人是非常“吝啬”的。但此处的“吝啬”与现代意义上的“吝啬”有所不同，它不是对自己财富使用上的过度不舍，而是强调对物质的珍惜精神。正如引文所言，只有如此的“吝啬”，人们才能感知“道”的真谛，才能培养自己的品行。从而完成“守道”的目的。精神上有意识地节俭，物质上的适度珍惜，这才是“节俭”品德的内涵。如何把这样的古代德育思想与当今“光盘行动”协同后融入大学生的专业课教学中，这才是课程思政实践的重点内容。

“仁”是孔子德育思想体系中的重要理念。在具体做法上，孔子认为能否实行仁德，完全在于自己，即“为仁由己”，这就要求学校应该强调学生

---

① 老子．道德经［M］．陈忠译．吉林：吉林文史出版社，2004:69.

的主体地位。①引文的观点其实就是知行合一的道德观。只了解德育观点而不能依据这些观点、理念约束自己的行为，那不是成功的德育教育。因而，在社会主义核心价值观的培育中，我们专业课教师要关注两个方面的思想教育：一是了解社会主义核心价值观的具体内容，二是要求学生依据这些内容来约束、规范自己的言行。只有这样的思想教育，才能实现古今德育思想资源的协同。

古代德育思想的精华还蕴含在古代的家训之中。《诫伯禽书》《袁世家训》《命子迁》《颜氏家训》《诫子书》《诫外甥书》《戒子通录》《诫皇属》《训子语》《郑氏规范》《药言》《聪训斋语》《恒产琐言》《父子宰相家训》等都是这样的经典家训。这些家训中有告诫子女如何为人处事的原则，也有告诫子女应该如何交友的，还有教诲子女应该注重哪些品行修养的。大学思想政治教育的实施者，应该有更加长远的观点。既要完成对大学本科生的品德培养，又要告诉他们品德修养的方法。特别是如何抚养下一代的方法。这样就实现了“授之以鱼，不如授之以渔”的德育理念。

> 君子力如牛，不与牛争力；走如马，不与马争走；智如士，不与士争智。

这是在《诫伯禽书》中，父辈告诫子女如何处事的语句。作为一个品行出众的君子，他虽有过牛之力，但不应该与牛去争强好胜；作为一个君子，他虽有快步如马，但他却不会与马逐走，因为他要维护“马”的尊严。点滴的生活体验之中诠释的是深奥的处事哲理，这就是古人家训的重要性。习近平总书记在2020年12月28日至29日中央农村工作会议上曾强调加强社会主义精神文明建设，加强农村思想道德建设，弘扬和践行社会主义核心价值观，普及科学知识，推进农村移风易俗，推动形成文明乡风、良

① 雷凡．孔子德育思想研究［D］．辽宁工业大学，2017:37.

好家风、淳朴民风。[1] 如能把家训中的思想资源与引文这一时政资源协同，当我们课程思政的对象，未来的村干部，真正走入乡村，管理乡村的时候，那么我们今天课程思政的效果就得到了彰显。

且夫孝，始于事亲，中于事君，终于立身。

这是《命子迁》的作者，司马谈用来教导司马迁的语言。作为子女，在家“事亲”是其尽子女之职，这是敬业；入仕后，作为官员“事君”是尽一个官员之职，因而也是敬业。当我们把这些源于家训的资源整合到专业课的教学中时，我们的学生就更能理解社会主义核心价值观与传统价值传承的联系了，从而为其践行社会主义核心价值观夯实理论基础。

最后，传统德育的方法资源。古代的德育实践积累有许多实用且高效的方法资源，若能实现这些方法资源与现代课程思政实践的协同，无疑也能推动当代思想政治教育的效果。“传统德育方法资源”可从两个层面上理解：一是具体德育方法，二是由这些具体的德育方法集成的方法论资源。这两种不同类型的资源都可以协同我们当代的课程思政实践并取得意想不到的教育效果。对此，已有研究者进行过专门的论述：

德性文化是其核心，而德性文化中又蕴涵着丰厚的德育方法论思想，诸如潜移默化的方法论思想、觉悟道德修养的方法论思想、修心育德的方法论思想、生活实践的方法论思想、保持心态平衡的中庸方法论思想、因材施教的方法论思想、循序渐进的方法论思想和启发诱导、礼乐结合与寓教于乐的方法论思想等等。[2]

这段引文在谈及古代德育方法的时候，有三个层面的意思值得课程思

① 人民日报评论员：加强农村精神文明建设——论学习贯彻中央农村工作会议精神（http://opinion.people.com.cn/n1/2021/0104/c1003-31987410.html）.

② 张忠华．论传统德育方法论思想的现代价值［J］．高校教育管理，2008（06）:33.

政的实施者关注：一是传统德育教育在其多年的实践中，积累了丰富的方法。“潜移默化”“觉悟道德修养”等。二是这些传统方法在不断演化中具有了方法论上的意义。三是这些方法、方法论思想都曾在古代德育实践中协同运用过。当我们的课程思政实践需要协同“八荣八耻”和“社会主义核心价值观”这一时政资源进行思想政治教育的时候，只要我们找准了切入点，那么纪录片《巡视利剑》中卢恩光坦白自己犯错历程的那段视频就可以结合上述方法进入课程思政的实践中。有“五假干部”之称的卢恩光曾经这样介绍自己：我突击入党，一开始入党目的就不纯。你入了党之后，咱们可以成立党支部，可以当这个书记，多个官衔。在引文中，卢恩光对自己入党的投机目的进行了真实地说明。当看到这样的案例时，学生们就会不自觉地反省自己，就会在潜移默化中思考这个反面典型给予自己的警示意义。

二、传统德育资源的转化实践

传统资源参与课程思政实践前，需要转化。在这样的转化中，我们还要思考两个问题：一是转化的基本原则，二是转化的具体途径与方法。

（一）传统德育资源的转化原则

传统德育资源的转化原则可以概括为：在个性化的前提下，利用协同来实现创新性运用，从而使其教育价值得到淋漓尽致地体现。

首先，个性化是我们选择传统德育资源的前提。对这里的“个性化”的内涵，我们进行如下的说明：

第一，“个性化”是学科教学的个性化。相比较而言，人文社科类的专业课教学中适合运用觉悟道德修养的方法论思想，而理工科专业课的教学中更适用因材施教、循序渐进的方法论。

第二，“个性化”要与课程的呈现方式保持一致。线上教学与线下课堂教学中的专业课学习，毕竟有所不同，因而，如何协同传统德育资源进行课程思政实践，需要我们斟酌。

第三，“个性化”是指课程思政实施者个性化的资源积累。传统德育中的资源虽然很多都可以进入课程思政实践，但若任课老师没有充分的积累，利用传统德育资源也是一件可望而不可及的事情。因而，依据任课老师的个性化积累来进行德育资源的现代转化，这才是切实可行的教学实践。

其次，协同实现创新性运用。这是传统德育资源转化的目的，也是传统德育资源进行现代转化的价值。从协同的过程上看，传统德育资源与不同对象的协同过程也是我们对其进行创新性运用的过程。

传统德育资源可以通过与时政资源的协同，与思想政治教育需求的协同来体现创新性的运用。面对那些准备以考公务员的方式，将来去乡村从事基层工作的大学生而言，传统德育资源的转化可以这样操作：

第一，把传统家训、古代乡约这一传统德育资源与时政资源协同。

> 乡村振兴，既要塑形，也要铸魂。没有乡村文化的高度自信，没有乡村文化的繁荣发展，就难以实现乡村振兴的伟大使命。[①]——《习近平要求乡村实现“五个振兴”》
>
> 德业相劝，过失相规，礼俗相交，患难相恤。——《吕氏乡约》
>
> 今诲汝等，居家孝，事君忠，与人谦和，临下慈爱。——《贾昌朝家训》

如果能够在课程思政的实践中协同上述三个案例进行课程思政实践，那么这些准备去农村从事基层工作的大学生或许就会意识到自己肩负的乡村振兴重任，就会意识到可以用传统家训、乡约的现代转化来实现乡村振兴的工作策略。家风、乡风、民风都是乡村文化的载体，通过家风的重构与振兴，可以间接地推动乡村文化的振兴。故而这样的工作策略是可行的。既然未来的工作策略可行，那是不是就证明我们今天的课程思政实践是有效的呢？

---

① 人民网．习近平要求乡村实现“五个振兴”.2018 年 07 月 16 日 08:52（http://politics.people.com.cn/n1/2018/0716/c1001-30149097.html）.

第二，协同中实现课程思政的创新。上述课程思政实践个案或者传统资源转化的个案，其创新之处体现在多个方面。家训与乡约、时政资源的协同，这是创新；把学生的未来工作需求与当代的课程思政实践教学协同，这也是创新。既让学生接受了思想政治教育，又为他们未来的基层工作指明了策略，这也是思想政治工作的创新。退一步讲，即使这些大学生不去基层工作，仅对家训、乡约的价值进行挖掘，也完全可以成为大学生未来的学术发展方向。《中国传统家训研究》这篇出自四川大学的论文，其下载量高达 7993 次，足见古代家训的重要性，足见古代家训可以成为学术研究的话题。因此说，这样的创新，既为专业课教学中的思想政治教育指明了方向，也为学生在接受思想政治教育的同时，发现自己的研究话题提供了可能。

（二）传统德育资源的转化途径与方法

传统德育资源的转化一般可以通过如下途径与方法来实现：协同热点法、专题协同法、需求协同法等。

思想政治教育原本没有“热点”与“非热点”的考量。但在实践操作中的切入点选择上，却有热点与非热点之分。当我们把传统德育资源与时政热点及学术研究热点协同的时候，就是运用的这种方法。特别是对那些还准备继续深造的大学生而言，他们对思想政治教育的研究热点一定要信手拈来。结合这样的热点进行思想政治教育，我们的观点或许更能为学生所接受。

学术热点是相对的热点。由于不同的高校拥有不同的教学资源，他们的学术研究热点也会有所不同。对研究语文课程论专业的大学生而言，整本书阅读教学绝对是一个热点。在这样的热点中，若能依据阅读对象的不同，对大学生进行思想政治教育绝对是一个最佳的选择。例如，在探讨《三国演义》这部名著的整本书阅读教学时，若能结合诸葛亮的生平事迹进行“敬业”精神的培育，那就是协同热点法的应用。

其次，专题协同法是又一种颇具实践价值的转化方法。“专题协同法”中的“专题”也可以从两个方面理解：一是课程思政实践的专题；二是专业课教学中的专题。两者都可以用于对传统德育资源的转化。若是前一种专题，我们的课程思政的实践就会实现由松散的思想政治教育到有计划性的专题教学转化；若是后一种专题，那就会实现在专业课中融入思想政治教育的实践。相对而言，后者更容易为专业课的老师们所选择。毕竟在他们的教学实践中，掌握系统化的思想政治教育知识是他们的短板。但随着课程思政的发展，前一种形式的思想政治教育一定会出现在专业课教学中。毕竟年复一年的课程思政会让专业课老师自身的思想政治理论体系越来越系统。

在化学专业课《化学反应工程》的教学中，任课老师把向学生进行“三观”教育作为课程思政中思想政治教育的专题。为了这个教学专题的实现，授课教师采取了这样的教学措施：

> 我们精选了如闵恩泽院士在磁稳定床反应器方面的研究，李静海院士在多尺度科学方面的研究，陈建峰院士在超重力反应器方面的研究，刘中民院士在DMTO过程的研究，以及获得中国催化成就奖的刘化章教授在合成氨催化剂方面的研究等案例穿插于课堂。①

引文的三个事例，可以帮助学生知晓这些爱国科学家，在做什么、怎样做以及为什么这样做。这一系列的理解完成后就可以协助学生建立自己的三观。化学反应工程是一门专业性很强的课程，为此化学反应工程的教师也就成了课程思政的践行者。为了彰显这门课程的专业性，突出思想政治教育的必要性，我们都需要精心设计一个事关两方面教学的专题。专业课的教学专题可以保证学生的专业学习效果，课程思政的专题设计又可以使化学反应工程教学中的思想政治教育得到系统性的实践。

最后，需求协同法。即，依据需求去进行传统德育资源的转化。这里的“需求”有三个重要的组成：一是教师需求。依据任课教师的课程思政

---

① 张泽凯．省属高校研究生《化学反应工程》课程思政探索与实践［J］．广东化工，2020，47（24）:135.

计划去选择、转化所需要的德育资源；二是依据学习的需求，去规划、转化进行课程思政所需要的传统德育资源；三是依据课程思政未来发展的需求，如上述提到的课程思政实践中，思想政治教育的体系化发展的需要去转化传统德育资源。

“在马克思主义理论教育和中国特色社会主义宣传教育中重点强调读书学习法；在党的廉政文化教育中重点强调崇德修身，主张‘慎始、慎独、慎微’……”[①]依据引文所谈的教学需求，在专业课的思政教学中，我们关注“崇德修身”与“慎始、慎独、慎微”类德育资源的转化与利用。古代关于“慎始、慎独、慎微”类德育资源主要有：

> “慎始而敬终，终以不困。”——《左传》
>
> “此谓诚于中，形于外，故君子必慎其独也。”——《礼记·大学》
>
> “不矜细行，终累大德”“道自微而生，祸自微而成”。
>
> “小洞不补，大洞吃苦。”
>
> “勿以恶小而为之，勿以善小而不为。”
>
> “好的开始等于成功的一半。”
>
> “故至而特书，以示防微杜渐之意，其为世虑深矣。”——《春秋传·文公九年》
>
> “若敕政责躬，杜渐防萌，则凶妖销灭，害除福凑矣。”——《后汉书·丁鸿传》

以上的列举侧重于传统德育思想资源，除了这些还有具体的案例素材资源供我们选择。元代的许衡口渴不摘路边梨的故事历来为人所称道。他那一句“梨虽无主，我心有主”成了经典。明代泰和典史曹鼎凭借“曹鼎不可”的警示，最终抵住了女贼的诱惑；清代河南巡抚叶存仁是一位因清廉而让人景仰的清官。他曾为送自己礼物的人作了如下这首诗：

---

① 索春艳，张耀灿．习近平思想政治教育主导性思想研究［J］．学校党建与思想教育，2017（05）:17.

月明清风夜半时，扁舟相送故迟迟。
感君情重还君赠，不畏人知畏己知。

也正是凭借这首诗，叶存仁把“天知，地知，你知，我知”之间的联系阐释得清清楚楚。若是上述传统德育资源与我们所学“量变质变”规律整合在一起的时候，我们的大学生一定会受到思想政治教育，并且这样教育的效果也一定会很好。

第三节　学科资源的转化

课程思政是学科教学与思想政治教育的有机整合。因而，只进行传统德育资源的现代转化是满足不了课程思政实践需求的。学科教学或者说专业课所拥有的资源也需要进行转化。但与传统德育资源转化不同，学科资源转化的目的是使学科教学更加适合进行思想政治教育。一般而言，科研案例、学术活动、学科发展史上的重要事件、学术热点以及教改成果等均是我们进行课程思政实践的重要资源。

一、科研案例

在课程思政实践中，科研案例是常用且高效的思想政治教育媒介。古今中外，几乎所有的科学研究案例都可以参与课程思政实践。1993 年 8 月 21 日，《人民日报》曾发表了一篇由杨振宁撰写的文章，主要介绍了邓稼先参与研究原子弹和氢弹的事迹。该案例很适合运用在核物理专业的课堂上。现节选其中一部分如下：

奥本海默和邓稼先分别是美国和中国原子弹设计的领导人，各是两国的功臣，可是他们的性格和为人却截然不同，甚至可以说他们走向了两个相反的极端。

奥本海默是一个拔尖的人物，锋芒毕露。他二十几岁的时候在德国哥廷根镇做波恩的大学生。波恩在他晚年所写的自传中说大学生奥本海默常常在别人做学术报告时（包括波恩做学术报告时）打断报告，走上讲台拿起粉笔说："这可以用底下的办法做得更好……"我认识奥本海默时他已四十多岁了，已经是妇孺皆知的人物了，打断别人的报告，使演讲者难堪的事仍然时有发生。不过比起以前要少一些。佩服他、仰慕他的人很多，不喜欢他的人也不少。

邓稼先则是一个最不引人注目的人物。和他谈话几分钟，就看出他是忠厚平实的人。他真诚坦白，从不骄人。他没有小心眼儿，一生喜欢"纯"字所代表的品格。在我所认识的知识分子当中，包括中国人和外国人，他是最有中国农民的朴实气质的人。

我想邓稼先的气质和品格是他所以能成功地领导各阶层许许多多工作者，为中华民族作了历史性贡献的原因：人们知道他没有私心，人们绝对相信他。

……邓稼先是中国几千年传统文化所孕育出来的有最高奉献精神的儿子。

邓稼先是中国共产党的理想党员。

我以为邓稼先如果是美国人，不可能成功地领导美国原子弹工程；奥本海默如果是中国人，也不可能成功地领导中国原子弹工程。当初选聘他们的人，钱三强和葛罗夫斯，可谓真正有知人之明，而且对中国社会、美国社会各有深入的认识。

杨振宁的文章很有特点，每一部分都用一个小标题与其他部分分开。上述引文节选自《邓稼先和奥本海默》这一部分。作为中美两国原子弹的主要负责人，奥本海默与邓稼先两人具有截然相反的性格：一个是锋芒毕露，一个是真诚坦白，从不骄人。究其两人的贡献与性格成因，杨振宁也给出了自己的答案：邓稼先深受中国传统文化的浸染，并且是中国共产党理想的党员。细品杨振宁给出的结论，我们一则可以用此案例来向学生进行文化自信的教育。因为文中邓稼先的言行彰显着传统文化"尚和合、求大同"的精髓。二则本案例适合落实习近平总书记"多宣传报道人民群众中涌现出来的先进典型和感人事迹，丰富人民精神世界，增强人民精神力量，满足人民精神需求”[①] 这样的要求。

二、科学家的轶事

每一个学科都有知名的科学家，他们的轶事也可以进入学科教学中并成为课程思政的媒介。“轶事”一般指散失且没有正式记载的事。这样的事情一般多出现在从事保密科学研究的科学家身上。

杨振宁于1993年8月21日发表在《人民日报》上的《邓稼先》一文里，还有一段这样的叙述，也可以运用于课程思政实践。现节选如下：

> 1971 年 8 月，我在北京看到稼先时，避免问他的工作地点，他自己只说“在外地工作”。但我曾问他，寒春是不是参加了中国原子弹工作，像美国谣言所说的那样。他说他觉得没有，但是确切的情况他会再去证实一下，然后告诉我。
>
> 1971 年 8 月 16 日，在我离开上海经巴黎回美国的前夕，上海市领导人在上海大厦请我吃饭。席中有人送了一封信给我，是稼先写的，说他已证实了，中国原子武器工程中，除了最早于 1959 年底以前曾得到苏联的极少“援助”以外，没有任何外国人参加。
>
> 这封短短的信给了我极大的感情震荡。一时热泪满眶，不得不起身去洗手间整容。事后我追想为什么会有那样大的感情震荡，是为了民族而自豪？还是为了稼先而感到骄傲？我始终想不清楚。

引文所述可以视为一则科学家的轶事。这则故事可以进行如下几方面内容的思想政治教育：第一，杨振宁见到邓稼先时，有意避免问其工作地点，以及邓稼先以“在外地”来回答。这都能彰显对朋友的尊重，对国家的尊重。因此可以用于安全教育，保密教育。第二，邓稼先以书信的方式，

① 习近平．习近平谈治国理政［M］．北京：外文出版社，2014:154.

通过上海市的领导转递给杨振宁。这件事可以用来向学生进行诚信教育。因为邓稼先是原子弹工作的负责人，他肯定知道有没有外国人参与中国原子弹的研究。但他当时没有直接回答杨振宁的提问，原因就是再进一步证实自己掌握的事实。故而他才会以书信的形式回答杨振宁。足见邓稼先实事求是的品质，足见他的诚信品质。第三，结合选文结尾处那两个疑问句，我们足以让学生体验到杨振宁的爱国情怀。鉴于这样的事实，不只是杨振宁要为我们的民族而自豪，要为邓稼先取得这样的成就而感到骄傲。就连我们这些原本对核物理一无所知之人，也都会在邓稼先的回答中产生强烈的民族自豪感，产生强烈的爱国情怀。

不仅自然科学家的轶事可以参与课程思政实践，许多文学家的轶事也可以成为教育的媒介。朱自清不领美国救济粮的故事就是一个爱国主义教育的重要媒介。当时体重已不到40公斤的朱自清，宁肯病危，也不要“别有用心”的他国赏赐。这与古人不受嗟来之食，不饮盗泉之水的故事颇为相似，从而把我们中国人的骨气展现得淋漓尽致。

三、经典作品

在人文社科类的专业课中进行课程思政教育，我们要深挖经典作品的思想政治教育价值。下边这则选自先秦诸子散文作品的《墨子》一文就是我们向学生进行爱国主义教育的重要媒介：

公输盘为楚造云梯之械，成，将以攻宋。子墨子闻之，起于鲁，行十日十夜而至于郢，见公输盘。公输盘曰：“夫子何命焉为？”子墨子曰：“北方有侮臣者，愿借子杀之。”

公输盘不说。子墨子曰：“请献十金。”公输盘曰：“吾义固不杀人。”子墨子起，再拜，曰：“请说之。吾从北方闻子为梯，将以攻宋。宋何罪之有？荆国有余于地而不足于民，杀所不足而争所有余，不可谓智。宋无罪而攻之，不可谓仁。知而不争，不可谓忠。争而不得，不可谓强。义不杀少而杀众，不可谓知类。”公输盘服。子墨子曰：

"然胡不已乎？"

公输盘曰："不可，吾既已言之王矣。"子墨子曰："胡不见我于王？"公输盘曰："诺。"

子墨子见王，曰："今有人于此，舍其文轩，邻有敝舆而欲窃之；舍其锦绣，邻有短褐而欲窃之；舍其粱肉，邻有糠糟而欲窃之——此为何若人？"王曰："必为有窃疾矣。"子墨子曰："荆之地方五千里，宋之地方五百里，此犹文轩之与敝舆也。荆有云梦，犀兕麋鹿满之，江汉之鱼鳖鼋鼍为天下富，宋所谓无雉兔鲋鱼者也，此犹粱肉之与糠糟也。荆有长松文梓楩楠豫章，宋无长木，此犹锦绣之与短褐也。臣以王吏之攻宋也，为与此同类。"王曰："善哉。虽然，公输盘为我为云梯，必取宋。"于是见公输盘。子墨子解带为城，以牒为械。公输盘九设攻城之机变，子墨子九距之。公输盘之攻械尽，子墨子之守围有余。公输盘诎，而曰："吾知所以距子矣，吾不言。"子墨子亦曰："吾知子之所以距我，吾不言。"

楚王问其故。子墨子曰："公输子之意不过欲杀臣。杀臣，宋莫能守，乃可攻也。然臣之弟子禽滑厘等三百人，已持臣守围之器，在宋城上而待楚寇矣。虽杀臣，不能绝也。"

楚王曰："善哉。吾请无攻宋矣。"①

墨子被鲁迅称为"中国的脊梁"。司马迁在《史记》中赞他"善防御，为节用"，可见他对后世的影响之大。作为思想家而出现的墨子是一个特殊的人：他叛儒反周，特立独行；尚同尚贤，倡导和谐；兼爱非攻，爱好和平；节用节葬，反对浪费；非乐非命，追求公平。他一生，为正义之事奔忙。扶危济困，帮助弱小。上述引文就是一则反映了兼爱非攻、爱好和平的案例。十日十夜，马不停蹄的奔波就是为了阻止战争的发生。说服了公输盘，还要说服楚王，这些都得益于墨子那专业的游说能力。面对公输盘

① （清）孙诒让．墨子间诂——新编诸子集成（上下册）［M］．北京：中华书局，2001.04:78.

“吾知所以距子矣，吾不言”的言外威胁，墨子先生一点也不害怕，反而直言利弊。一句“虽杀臣，不能绝也”的表白，让我们看到的是墨子先生的无畏，体验到的是他的爱国情怀。这就是一位“兴天下之利，除万民之害”者的社会担当；这就是一位兼爱非攻者的辩说智慧。

墨子的思想对当代影响较大。创新型国家、和谐社会、节约型社会、和平崛起等诸多理念都可在墨子的学说中寻觅到蛛丝马迹。基于这样的事实可知，墨子及其作品并非单一的爱国主义教育媒介，还对我们选择、转化时政资源有重要的参考作用。

四、学术活动

大学生的学术活动在大学生课程思政实践中是重要的学科资源。每一次的学术活动都有两个层面上的教育教学意义。学术活动是专业课教学的集中体现。在参与活动的过程中，大学生学到的不只是专业知识，更是专业研究者应具备的品质；与此同时，在学术活动中，学生们还要接受诚信教育。

此处“学术活动”的外延较广。既指由导师、科研人员为主的各种学术报告会，又包括大学生们的各类论文写作。特别是后者，更是课程思政的重要媒介。

“课程”是内容，“思政”是导向。没有好的课程建设，“课程思政”功能就成为无源之水、无本之木；没有好的“思政”教育功能，课程教学就会失去“灵魂”，迷失“方向”，从而导致课程教学中知识传授、能力培养与价值引领之间的割裂甚至冲突。①

大学生学术活动最基本的形式就是论文写作。若在学术活动中对大学生进行学术规范教育，无疑最具实践价值。因此，许多教师都把学术活动与《大学生写作指导课》整合，对学生进行学术规范教育。这种课程思政

---

① 李国娟.课程思政建设必须牢牢把握五个关键环节［J］.中国高等教育，2017（15）：28–29.

的优势主要体现在如下几个方面：

首先，端正学生的学术研究态度。态度决定一切，若没有正确的科研态度，大学生们难免会在以后从事学术研究活动中犯错。《大学生写作指导课》最基本的任务就是培养大学生的学术修养。

其次，明确学术活动中常见的错误及其本质。学术造假是最常见的学术错误，其他还包括版权的处理错误。随意删除学术文献作者的单位，主观故意夸大自己成果的现实意义与理论价值。为了凑字数，东拉西扯，故意增加文章的篇幅等。

再次，明确学术活动中必须遵循的法律、法规。凡事都有规矩，凡事都要讲规矩。利用学术活动必须遵守的规矩——明确法律、法规的过程，可以对大学生进行讲规矩的教育。“要加强纪律建设，把守纪律讲规矩摆在更加重要的位置。”[①] 规矩就是纪律，如何才能把守纪律放到最重要的位置呢？前提就是明确规矩，知晓什么样的事情能做，什么样的事情不能做。对于学术论文写作而言，这样的要求就与版权意识密切相关。知道如何引用别人的观点，知晓怎样运用他人的成果。既不能断章取义，歪曲他人的结论，又不能篡改、剽窃、抄袭他人的学术成果。

最后，学术论文写作中的思想政治教育不止上述这些。在论文的具体写作中，还可以个案的形式向大学生们进行更多的思想政治教育。在语言学及应用语言学、现当代文学专业的大学生论文写作中，若学生把军事题材的小说《亮剑》或其主人公李云龙、楚云飞、赵刚等作为研究对象，那么我们就可以结合作品主题思想或这些人物形象的具体言行向学生进行多方面的思想教育。

“亮剑”精神小说的核心主题，对于如何理解“亮剑”精神的内涵，不同的读者有不同的理解：这里的“剑”实际上指的是一种精神。具体地说，它包括两个方面：（一）众志成城，剑神合一，它是亮剑精神的实质；

---

① 史翔宇．习近平谈“讲规矩”有何深意？（人民网－中国共产党新闻网）（http://cpc.people.com.cn/pinglun/n/2015/0115/c241220-26392974.html）．

（二）剑锋所指，所向披靡，它是亮剑精神的特性。[①]引文从两个方面阐释了什么是亮剑精神。从它的实质上讲，所向披靡，无所畏惧，是我们每一个人都应该具备的。在战场上，这是勇敢。面对比自己强大的对手，毫不畏惧地拔出自己的剑，这是军人的勇敢；在研究中，面对无法预估的风险，坦然面对，知难而上，这也是勇敢，这是研究者的勇敢。当我们利用“亮剑”精神对大学生进行思想政治教育的时候，如能再列举一些邓稼先等这样科学家的例子，更能让学生理解“亮剑”精神，践行“亮剑”精神。

阐释小说的主题思想可以进行思想政治教育，解析人物形象也可以成为学术研究中课程思政实践的切入点。

“中国的侠士和日本的武士均是尚武尚勇的时代产物，且同属于东方文化体系，但它们却影响和塑造了中日两国不同的民族特征和性格。”[②]引文说明了两个事实：一是中国的侠士与日本的武士均属同一个文化体系，但它们的影响结果却有所不同，而且这种影响结果的差异体现在中日两国不同的民族特征与性格特征上。引文作者的观点在李云龙与山本的对话与行动里得到了彻底的表现。下边节选一段由都梁创作的小说原文以示例证：

> 李云龙的声音显得很平静：山本，现在还有一分钟，现在投降还来得及。据点内的山本声音也很平静：李先生，咱们东方民族都不喜欢宽恕，讲的是以血还血，以牙还牙……我不是个大度的人，如果阁下落到我的手里，我会用尽酷刑，使你在痛苦中死去。同样，现在我的生命掌握在你的手里，你也不可能宽恕我，何况我还毁灭了那个小村子和几百条生命，你的复仇情绪，我理解，你可以开炮了。

这是李云龙与山本在战斗开始之前的一段对话。从对话里可以看出李云龙对山本充满了仇恨，虽然自己有足够的把握消灭山本，可李云龙还是要劝说山本投降。从山本的回答里可知，面对不可能胜利的战斗，其内心

① 王海燕．“亮剑”的内涵浅释［J］．文教资料，2012（09）:20.

② 张英芝．侠士与武士之比较及其对国民性的影响［J］．文化学刊，2019（02）:234.

虽看似平静，但他也不得不承认自己是一个不够大度的人。

山本虽能明确告诉李云龙若自己胜利后将怎样对待李云龙，但正是他如此卑鄙的做法，让读者明确了日本武士与中国侠客的不同。特别是山本自述曾杀死过一个村子里几百个无辜的普通百姓后，就更能在李云龙与山本的对比中，让读者理解侵略者的可恶之处。若能在这样的教育中再融入聂荣臻在战争中拯救美惠子的故事，就更能把学术活动中的课程思政推向一个新的高潮。

五、教改成果

在大学生的培养中，许多高校的教改成果，如微课、翻转课堂等，也成了大学生课程思政的载体。

“翻转课堂”是一项非常适应大学生教学的改革成果。它本源于国外，在其不断内化的过程中，最终为大学生教育所采用并逐渐深化成最具教学效果的改革成果之一。“翻转课堂”（Flipped Classroom 或 Inverted Classroom）是一种混合使用技术和亲自动手活动的教学环境。在翻转课堂中，典型的课堂讲解时间被实验和课内讨论等活动代替，而课堂讲解则以视频等其他媒介形式由学生在课外活动时间完成。[①] 依据引文的界定可知，翻转课堂这一教改实践有两个特点：一是混合技术的使用与亲自动手活动，构建了一个新的教学环境。二是这一教学环境的构建使教与学的翻转成了可能。原本在课堂上教的内容，被学生在课外完成了，这就为在课堂上解决学生在自学中遇到的问题创造了条件——这就意味着一种新教学方式的诞生。

翻转课堂对大学生教学的启示主要体现在如下几个方面：第一，学生的实践能力得到了加强。大学生的实践能力是在其自学的过程中得到培养的。在以往的教学中，大学生培养似乎更侧重于理论知识的学习，特别是

① 何朝阳，欧玉芳，曹祁．美国大学翻转课堂教学模式的启示［J］．高等工程教育研究，2014（02）:148.

在人文学科的大学生培养中，似乎老师们更注重利用课堂教学的时间，向学生进行理论知识的传授。古代文学课重在介绍古代文学批评的特点与成果以及历朝文学思潮的发展历程。在陆机的《文赋》讲解中，“理扶质以立干，文垂条而结繁”是其讨论形式与内容间相互联系的重要结论。可是在课堂上要求学生识记这样的结论远不及在课外要求学生运用实例去例证陆机的观点更能让学生理解陆机的观点。

第二，培养大学生团结协作的精神。要在课外解决课内讲解的内容，往往需要师生间、生生间的团结协作。如果小组成员彼此间不能形成良好的协作关系，那学生往往不可能完成学习任务。故而在这一过程中，师生的角色发生了转化。对于这处转化，有研究者进行了这样的总结：教师由原来在讲台上传道授业解惑的“演员”和“圣人”转变为教学活动的“导演”和学生身边的“教练”……① 据引文可知，翻转课堂有利于完成师生的角色转化，或者翻转课堂的优势是在师生角色的转化中得到彰显的。

鉴于翻转课堂的优势，许多老师就把其运用到了课程思政的实践之中。“课程思政是新时代大思政背景下的创新教育新理念，‘在线平台 + 翻转课堂’教学模式已逐渐成为一种新的教学常态……”②引文中有一非常值得分析的词语“新的常态”。“新的常态”之“新”表明，翻转课堂运用于大学生教学是一项新的教改成果；“新的常态”之“常态”一词又告诉我们翻转课堂已在多个专业大学生的专业课堂上得到了广泛应用。引文的作者朱玉杰、冯国红和董春芳等人探讨的就是农林院校大学生教学中翻转课堂的使用情况。而且这里的探讨是从教学模式的视角进行的。“工程伦理”课程是工程硕士的主干课程，在这门课程的教学中，我们也可以完全利用翻转课堂的方式进行思想政治教育。或者干脆地说，在工程伦理的教学中，翻转课堂这一教改成果完全可承担课程思政的重任。而且这样的实践已在东北

① 何朝阳，欧玉芳，曹祁．美国大学翻转课堂教学模式的启示［J］．高等工程教育研究，2014（02）:151.

② 朱玉杰，冯国红，董春芳．农林院校“在线平台 + 翻转课堂”教学模式的课程思政研究与实践［J］．安徽农业科学，2021，49（01）:280–282.

林业大学展开了实践。

除了东北林业大学外，还有高校已把《工程伦理》课建成了校级精品思政课程。这是依据工程硕士专业学位教育指导委员会推荐教材的《工程伦理》为蓝本，参考高教出版社出版的、王前等人撰写的《科技伦理案例解析》以及李永峰等人编著，由哈尔滨工业大学出版社出版的《环境伦理学教程》等构建的一门精品课程思政课程。

在此课堂的学习中，若能让学生在课外了解近年中国在工程建设上取得的成就，再依据自己掌握的教材里的理论知识，分析工程建设所面临的环境问题，无疑可以使学生正确处理工程与人、工程与自然环境、工程与社会环境的关系。从而培养大学生的责任意识，促进人与自然的和谐发展，从而完成课程思政的教学任务。

第四节　校园文化资源的转化

高校校园文化的内涵与品位极具特色。如果能把校园文化作为一种资源且转化为课程思政的教学媒介，那将更有利于推动课程思政的发展。依托校园文化进行思想政治教育，关键在于明确校园文化建设中“物与人”的浸润关系。对此，有研究者这样总结：“物与人”浸润式关系深化营造组织保障；深化主体执行理念，为“物与人”浸润式关系深化创造内生不竭动力；树立社会主义核心价值观，正确引领高校校园文化建设；创新校园文化网络宣传形式……[①]引文叙述了两个基本事实：一是科学利用“物与人”的浸润关系可以实现思想政治教育；二是正确处理“物与人”的关系可以提升思想政治教育的效果。这就为我们思考如何转化用校园文化资源进行课程思政提供了重要的启示。

一、校园文化的限定及说明

转化校园文化资源的前提是对其内涵的明确。我国对“校园文化”及其相关问题的研究相对较晚，且又没有得到众人认可的、统一的界定。翻阅相关文献，结合自己的思考，下面这则定义颇为适合本次的研究，故而

---

① 曲庆彪，王军．高校校园文化建设中“物与人”浸润式关系之思考［J］．沈阳师范大学学报（社会科学版），2021，45（01）:69.

引用如下：

“高校校园文化”是指以大学生为主体，以校园为固定场域，以文化活动为载体，以育人为导向，以物质文化、精神文化、制度文化、行为文化、网络文化为主要内容，以精神文化为核心的一种群体文化，是社会文化的重要构成。①

选择引文界定的缘由如下：首先，高校校园文化是存在于特定地域内的文化现象。正如引文所说，高校校园文化是以校园为固定场域。“文化”历来都被分为物质文化与精神文化两类。这界定既强调了物质文化，又强调了精神文化。甚至还结合网络的发展，提出了“网络文化”这一虚拟空间里的文化现象。其次，校园文化具有丰富的外延。制度文化、行为文化等的组成，足以让我们意识到校园文化转化过程的复杂性，转化方法的不确定性，转化途径的多样性。同时也更让我们意识到，校园文化转化的重要性。再次，校园文化主体构成。引文的作者把“精神文化”作为校园文化的主体。而且强调，校园文化是以群体文化为特征的。特别是在课程思政的实践中，精神文化在很大程度上比物质文化更具优越性，但这并不是否认校园物质文化参与课程思政实践的可能性，更不是否认校园物质文化在思想政治教育的客观作用。最后，校园文化的隶属关系。引文的作者把校园文化视为社会文化的重要构成。

二、校园文化参与思政的个案及分析

校园文化资源已在多个高校参与思想政治教育并取得了令人满意的教学效果。现举例对具体的操作特点进行分析，以期坚定我们转化校园文化资源的信心。

（一）校园文化参与思政的案例列举

校园文化转化的目的是为了协同高校的课程思政实践。现列举三个典

① 任缘娟．新时代中华优秀传统文化融入高校校园文化建设的路径研究［D］．新疆医科大学，2020:18.

型的案例进行分析：

首先，四川大学的思想政治理论课“123+X”改革实践。“123+X”是一项教学改革，属于制度文化之中。对“123+X”的具体内涵，四川大学曾这样解说。“1”即所有的教学都围绕“人才培养”这个中心。人才培养有三个标准：一是知识标准，二是政治思想标准，三是体现四川大学的特色。“2”是指两项教学改革，即课堂与实践教学改革。“3”重点强调三个方面的互动。即任课老师与学生之间的互动、教学与科研之间的互动、团队与团队之间的互动。“X”是多项具体的改革措施——新制度的构成。在新教学模式的构建中，重点推动主题教学、案例教学与实践教学、电化教学的整合。在具体实践中，曾挖掘出校园生活里的100条案例。这些贴近师生生活的案例，为主题教学的实践提供了保证。与此同时，还重视教材的改革。在教材编写的过程中，重点选择三个方面的内容：典型的大学生及其先进的事迹；校史；社会热点等。在校史的编写中，重点选择那些励志人物。经过上述改革，四川大学在评价这些教改时，得出了如下的统计数据：思政课学生出勤率达到90.1%，比往年提高4.3个百分点，课堂吸引率明显提高；学生参与社会实践活动的参与率达到100%，积极性显著增强；思政课评教中，教师得分80分以上达到100%，90分以上达到84.12%，教育教学改革效果显著。①

其次，《宝哥说》校园文化脱口秀的改革实践。这是个思政网络文化走红的典型例子，它为我们协同网络文化进行课程思政改革实践提供了诸多的启示。《宝哥说》是江南大学的教改成果，对这次教改成果，江南大学新闻网曾以《从“宝哥”到“宝哥说”——江南大学思政课堂“变形记”》为题进行报道。从题目看，从“宝哥”到“宝哥说”彰显的是这次教改的发展历程；“变形记”一词，强调的是“宝哥说”对传统思政课堂的改变。“宝哥”是江南大学马克思主义学院的教师唐忠宝，由于其讲课风格独树一帜，深受广大学生的喜爱，故而借助这样的契机，江南大学决定由唐忠宝领衔，

① 中华人民共和国教育部．四川大学思想政治理论课“123+X”教学改革取得实效（http://www.moe.gov.cn/jyb_xwfb/s6192/s133/s208/201110/t20111021_125802.html）.

协同其他思政教师、辅导员和专业课教师共同打造了个性化极强的大型校园思政类脱口秀《宝哥说》节目。对于这个校园文化的品牌节目，有人用“BAO”称之。“BAO”是 Brain、Advance 和 Outlook 的缩写词，意即思想、进步、展望三个汉语词汇的整合。

《宝哥说》主要是依靠说“热点”来展现课堂的魅力。当时正值《人民的名义》热播，故而就要在课堂上讨论《人民的名义》导向性的专题；时值《柴静调查：穹顶之下》热播，于是就有了如何评价这档节目的思考……依据这些热点，宝哥利用自己的课堂向学生进行什么是理智的、真正的爱国主义的教育并取得了预期的效果。《宝哥说》的第二个特点是把“段子”讲到学生的心坎上。《宝哥说》的第三个特点是师生互动的多样化实践。从个人引领到团队协同，宝哥利用团队的力量实现教师与学生的互动，从而为提升思想政治教育的效果提供了保证。正是宝哥及其团队的努力，才让我们的思想政治教育又发现了一个新的思路。《宝哥说思政》一书由人民出版社出版、发行就是一个最好的例证。

再者，“互联网＋思政结合”是南京航空航天大学的教学改革成果。“互联网和思政结合”是又一个利用校园文化资源进行思想政治教育的范例。南航的徐川老师，针对思想政治教育课师生互动的需求，借助互联网这一媒介，成功地实现了新媒体参与思想政治教育工作的教学目的。为营造“处处有典型、人人可成才”的教学氛围，利用线上教学与线下教学的整合，以短视频为教学媒介，通过轻松幽默的语言，创新解读了两学一做、四个全面等理论内涵的方式，从而提升了教学效果。

（二）校园文化参与思政的特点

现对上述三个案例参与思政实践的特点总结如下：首先，校园文化资源参与思政实践且要取得好的效果，一定要坚持资源整合的方式。在第一个案例中，“123+X”实践里最关键的要素还是“X”这一要素。多种教学措施、多维教学方法、多个案例的整合，才能保证思想政治教育的效果。这里强调的“案例”与第二个“宝哥说”中的热点选择有相似之处。同时，也与第三个“互联网＋思政”中的“四个全面”等的选择一样，都体现出了这样的特点。“宝哥说”之所以选择《人民的名义》这部电视剧进行导向性的分析，从教学案例的选择上讲，这就是典型的时政热点参与思想政治教育的实践。

其次，校园文化资源融入思想政治教育的方式要与时俱进，这也是上述三个案例的共同特点。在教材的编写中，第一个案例强调对典型的大学生及其先进的事迹、校史、社会热点的选材。在这三个重点选择内容上，社会热点的选择最能体现这一点。在上述第二个案例里，“宝哥说”这一脱口秀的讲课方式本身就是一种与时俱进。即使不谈后边的《柴静调查：穹顶之下》这样的案例选择，也能让我们看到这一教学方式的与时俱进。

再次，贴近学生的生活是校园文化资源参与思想政治教育并取得显著效果的优势。教学的方式、教学的案例选择、教学专题的设定，都要贴近学生的生活，只有如此，我们的思想政治教育才能受到学生们的欢迎，我们的教学效果才能得到保证。

三、校园文化资源的转化

既然校园文化资源参与思想政治教育且能取得预期的效果，那么我们就得探讨如何实现校园文化资源转化的问题。结合对上述三个案例的分析，我们认为如下的转化思路可供大家参考：

（一）协同转化

校园文化资源可参与思想政治教育且取得预期效果，但前提是校园文化资源要转化成思想政治教育的媒介。唯有如此，校园文化资源的思想政治教育的显性功能才能得到彰显。校史与教材编写的协同是上述第一则案例的一个特点。在高校的校史编写与思想政治教育教材的协同中，把本校大学生的先进事迹融入思想政治教育实践中，这是一个成功的经验。门良杰入选第十三届中国大学生年度人物，该生是清华大学的硕士研究生，主攻新闻学专业。大二时入伍，部队的历练让其坚定了从军报国的信念，荣获个人三等功一次。2016 年，他以现役军人身份在新闻学院继续攻读硕士学位，毕业后随即到航母部队工作。这样的学生既是清华大学的校史写作的关注对象，也是清华大学思想政治课堂教学中的典型素材。

（二）个性化转化

上述三则案例在利用校园文化资源进行思想政治教育的策略、方式、操作上又各有其特点及侧重点。

在第一则案例的“123+X”的总结中，“X”的存在保证了高校思想政治教育的个性化。或者说“X”的存在保证了高校的思想政治教育是一项艺术而不是一项技术。因为，“123+X”中的“123”都是可以被其他高校的思想政治教师复制的，唯独这里的“X”不易让其他教师复制式使用。利用同样的思路，选择相同的案例，不同的任课老师也会有不同的讲解思路。王绍鑫是北京大学优秀毕业生，曾入选 2018 年年度大学人物。在学习期间，他攻克了生态保护的难题，成功实现了“变废为宝”。因其专业所致，他对雾霾问题格外关注，为了攻克雾霾他注册了北京质享科技有限公司，并成功获得了天使轮融资，同时入围了 2017 年亚洲创业奖之强。对于这样的案例，教师可将其作为大学生创新创业的榜样对学生进行思政教育。

再次，推动思政资源创新式转化。思想政治教育实践中的创新，在某种程度上可以表现为利用新的思维，借助新的技术进行高效的思想政治教育。比如，在上述第三则案例中，线上课堂与线下课堂的思想政治教育协同就是这样的创新。不同形式的授课方式被任课老师用来实现师生间教学上的互动，进而实现思政教育中师生思想上的共鸣，最终达到教学相长的目的，这就是典型的推动思政资源创新式转化的案例。

5

第五章

经验借鉴拓途径

课程思政实践的诞生与发展都在表明一个这样的事实，即思想政治教育是在经验的借鉴与拓展教学途径的过程中实现的。

第一节　课内与课外整合

大学生的课程思政实践既要依赖课堂教学，又要借助大学生的课外实践。即推进“思政小课堂”与“社会大课堂”有效衔接。因而，我们提出了要在课内外的整合中，实现课程思政的思想。思想政治教育可简要地分为两部分：一部分是理论学习，另一部分是对这些正确理论的践行。虽然在课堂教学中，大学生们既可以获取相关的理论，也可以践行这些理论的部分内容，但仅就理论践行而言，课外绝对是我们评价大学生能否践行所学理论的最佳场所。

一、源自翻转课堂的经验

下边选取沈阳农业大学利用翻转课堂教学模式为大学生讲授“水旱灾害防治”的教学案例进行分析，具体教学过程如下：

课程内容主要包括洪水灾害、涝渍灾害、干旱灾害、灾害经济学四个主题，每个主题安排6 ~ 8个课时完成。首先是在课前充分准备每次课程主题所需材料，课前将基本理论及知识点通过录制视频的形式在智慧树网站中的“教学资源”部分进行发布，同时发布其他资料，包括与所讲主题直接相关的主题报道、期刊文献、学位论文和实际工程案例等。①

① 付玉娟，张旭东，徐威．翻转课堂在研究生专业课教学中的适用性探析［J］．黑龙江教育（高教研究与评估），2020（12）:72.

这是一则沈阳农业大学为水利工程专业大学生配置的一门专业课。在这门专业课学习过程中，大学生们不仅要阅读教学指定的教材，还要结合任课教师的要求，拓展阅读、查阅有关实践案例并认真学习领会，然后才能进行课堂上的讨论。课外的拓展阅读过程，既是专业知识学习的过程，也是我们向学生进行课程思政的过程。

在拓展中，学生阅读到的内容一般会有如下这些：

故善为国者，必先除其五害：水，一害也；旱，一害也；风雾雹霜，一害也；厉，一害也；虫，一害也；此谓五害。五害之属，水最为大。(《管子·度地篇》)

水害的类型：常见的水害有三类，即洪水水害、融雪水害、冰凌水害。洪水水害多与降雨过多，暴雨集中、地质低平相关且多发生于我国东部地区；冰凌水害受纬度影响较大，多发生于从低纬度向高纬度地区流经的河道内；融雪水害受气温影响较大，多发生于西北和东北地区。

水害发生的人为因素总结：上述各类型的水害多与人类不合理、不科学的土地利用密切相关。其中包括滥伐森林，陡坡开垦以及围湖造田等。

防汛抗洪的具体措施及成就。防汛抗洪主要有两种途径可选，一是工程性措施，另一是非工程性措施。前者包括水库的修建、防护林的建设等；后者包括洪涝信息系统的建设等。

预计2020—2022年国家将投入2.9万亿，重点推进150项重大水利工程建设，包括新增防洪库容约90亿立方米，治理河道长度约2950公里等。①

在“水害灾害防治”教学中，通过课外阅读的方式使学生了解我国古

① 前瞻产业研究院，经济学人，研究员专栏：《十张图了解我国防洪工程建设情况 防洪工程设施逐渐完善》（https://www.qianzhan.com/analyst/detail/220/200721-6e40c503.html）.

人对水害的认识以及现代国家的预防措施及现代治理成就，这就实现了在知识的教学中融入思想教育的目的。如果还能在这样的教学过程中融合长江三峡大坝的建设及其对长江中下游水害的预防，或者把都江堰水利工程作为教学的典型案例予以生动讲授，那么学生的爱国情怀就会得到培养，他们的民族自豪感就会陡增。所以说，思想政治教育的任务，不仅要突出课堂教学的知识性、理论性，还要突出课外实践教学的创造性、可操作性。

二、课外问题探讨中的思政教学个案

对于大学生教学而言，学生多是在课堂上学习学术研究所需要的理论，在课外利用这些所学的理论去完成对现实问题的分析与解决。因而，从学术研究的层面上思考，课内外的结合也可实现拓展思想政治教育途径的目的。

（一）“杨二嫂”形象解析案例

鲁迅作品及其教学问题多是学科教育专业大学生研究的主要对象。在一则探讨鲁迅著名小说《故乡》里的杨二嫂形象解析的教学中，为了解决目前学生只是被动地接受教师结论的现状，大家多会参考《“杨二嫂”的语言及教学感悟》这篇文章，从能指与所指的角度，审视文中的语言描写和外貌描写背后的生活意蕴。

关于杨二嫂这一形象，原文有两处外貌描写和一处语言描写值得我们深入解析，两处外貌描写原文如下：

第一处是：在斜对门的豆腐店里确乎终日坐着一个杨二嫂，人都叫伊“豆腐西施”。但是擦着白粉，颧骨没有这么高，嘴唇也没有这么薄，而且终日坐着，我也从没有见过圆规式的姿势。

第二处是：却见一个凸颧骨，薄嘴唇，五十岁上下的女人站在我面前，两手搭在髀间，没有系裙，张着两脚，正像一个画图仪器里细脚伶仃的圆规。

一处语言描写如下：

> “哈！这模样了！胡子这么长了！”一种尖利的怪声突然大叫起来。①

比较前两处的外貌描写可知，杨二嫂的生活境遇越来越糟糕了。为了彰显社会变迁为其带来的影响，鲁迅着重刻画了杨二嫂三个部分的变化：一是颧骨的变化。“颧骨没有这么高”意味着杨二嫂这位经商者还能凭借自己的经商行为来养活自己。可是当她变成凸颧骨之后，杨二嫂的生活就发生了质变。因为随着颧骨的凸起，她的嘴唇也由厚变薄了。因而，在这里，嘴唇就成了鲁迅重点描绘的第二个对象。第三个被着重描绘的对象是杨二嫂的站姿。“细脚伶仃的圆规”暗示着杨二嫂因为生活的窘迫身体已经变形了。虽然杨二嫂不是《故乡》里的主人公，但对其生活的解读无疑可以帮助我们理解闰土的贫困，从而为理解鲁迅强烈希望改造旧社会，创造新生活的渴望的小说主题夯实基础。

鲁迅在构建“改造旧社会，创造新生活”这一小说主题的同时，还要极力表达对良好人际关系的呼唤。在小说里，杨二嫂以自己独特的言行，在极力破坏着良好的人际关系。如果说她因为贫穷偷拿了“我”家东西的行为还可以理解，那么她栽赃闰土的行为则着实让人觉得可恨。这一点在杨二嫂的语言里也有所体现。

上边所选杨二嫂的语言极具特点。从用语的角度看，她的语言一句比一句长。从讲话的策略上看，杨二嫂的话充满了心机：“哈！”这一语气词虽然没有实际意义，但它却足以引起众人对自己的关注。“这模样了！”一句意在拉近自己与“我”的距离。言外之意就是我们之间曾经非常熟悉。“胡子这么长了！”在表达她对“我”的关心之时，还为其后续的言行创设氛围。然而，这种尖利、怪声的大叫却使杨二嫂的语言失去了预设的语用目的。

---

① 鲁迅．鲁迅全集［M］．中国文史出版社，2020.05:106.

在上面这一专业性的分析中，学生们借助他人研究成果，对杨二嫂的形象进行个性化的解读。在对杨二嫂的言行产生反感的同时，一定会深究她的为人。正可谓，见贤思齐，见不贤而改之。故而专业的学术研究就成了学生们接受思想政治教育的途径。

（二）鲁迅“孝”文化研究个案

中国的孝道文化源远流长。在研究鲁迅作品的过程中，不可能不涉及他对孝的理解与所持的观点。因为每次阅读《朝花夕拾》里的《二十四孝图》一文，我们都会产生这样的思考。

此《二十四孝图》非彼《二十四孝图》也，鲁迅的《二十四孝图》是基于他对传统《二十四孝图》的理解而撰写的批判性文章。因而，阅读鲁迅的《二十四孝图》一文，首先要了解传统的《二十四孝图》然后才能结合鲁迅在自己文章里提出的观点，理解古代孝文化在其传承中出现的问题。

古代人很重视对孝文化的传承。因而许多孝子、孝女的故事就成了大家用来诠释孝之内涵的案例。元代的郭居敬精心选择了二十四个孝子、孝女的经典故事编撰了著名的《二十四孝》一书。后来又有人意识到了孝文化要从小培养，依据这样的文化传承需求，有画家为《二十四孝》配上了更加通俗易懂的画。于是一部新的孝文化传承民间教材《二十四孝图》就诞生了。《二十四孝》与《二十四孝图》的区别不在于内容，而在于孝文化的呈现方式。一则以文字的形式为主，另一则以图画的方式为主。

由“孝”到“孝道”虽多一个字，但一字之多却具有不同的内涵。孝强调的是一种思想，是一种理念，重点在于小辈人对长辈的敬重；而“道”则是在强调一种践行的方式。在字典里，“道”有“规则”的意思。所谓的“孝道”就是在孝之思想的约束下，规范小辈人的言行，以期实现对长辈的敬重。

强调孝道本身没有错。在《二十四孝图》（郭居敬编著）中却存在许多缺陷，因而受到了鲁迅的批判。

首先，鲁迅批判原书案例存在选择上的错误。作为一种理念，孝的思想需要一定的案例进行诠释。郭居敬在《二十四孝图》里选择的“老莱娱亲”与“郭巨埋儿”是两个被鲁迅批判的案例。一个老人依靠穿五彩衣为婴儿状来娱乐双亲；另一个要为母埋儿，这样的行孝方式，不是宣传孝，而是破坏孝的传承。或者更为干脆地说，这是行孝方式之错误。从这看，鲁迅反对的不是孝而是这种行孝的方式。

其次，孝的传承与宣传要切合实际。在郭居敬的《二十四孝图》里还有“哭竹生笋”“卧冰求鲤”这样违反生活常识的案例。生病的母亲想吃竹笋，这本身没有错误；王祥为了满足母亲想吃鲤鱼的愿望去寻鱼，他也没有错。可是，为了圆他们行孝的愿望，冬天会生长出嫩嫩的竹笋；王祥能够用自己的体温融化河冰且抓到鲤鱼，这样的故事，不仅会让行孝的人产生不切实际的念头，还极有可能会让他们身处危险之中。因而，用这样的方式来劝人向善，助人行孝，虽其出发点没有错，但其宣传孝的方式却是错误的。正是因为意识到了这一点，鲁迅才在自己的文章中这样写道：

> “哭竹生笋”就可疑，怕我的精诚未必会这样感动天地。但是哭不出笋来，还不过抛脸而已，到“卧冰求鲤”，可就有性命之虞了。

同时，研究者意识到了这一点，他们或许就会选择一些当代生活中的案例来完成“大学生思想政治教育中孝文化的融合价值表现在强化高校人才教育培养质量，推动学生德育素养全面发展，促进思想教育作用”[①]这样的课程思政实践。中国文明网曾以《当代二十四孝》为题报道了二十四个典型的故事。依据这些故事，我们既可以理解孝的内涵，又可以知晓如何行孝，怎样传孝。例如：

> 张蕾：土家少女带盲父上大学不离不弃
>
> 8岁那年，父亲失明，母亲离家出走，身后还有7岁的弟弟张着稚嫩的双臂……这对一个8岁女孩而言意味着怎样的人生？她扛着锄头下了地。那一刻，她的童年就结束了。每天天刚亮，小张蕾就下地

① 殷瑾.大学生思想政治教育中孝文化的融合思考[J].黑河学院学报，2020，11(12):54.

犁田、栽秧；中午回家给父亲、弟弟做饭。几个土豆和红薯就是一天的干粮。吃饭时，张蕾总是自己吃小碗，给父亲和弟弟吃大碗。生怕年幼的弟弟吃不饱。虽然日子过得艰难，但张蕾内心仍十分渴望读书。失明的父亲知道女儿的心，他决定沿街卖唱乞讨，送自己的儿女读书。辍学一年半后，在父亲的坚持和青岛市妇联的资助下，张蕾又回到了学校。

2007 年，在外界的帮助下终于实现了她的大学梦，在她的辅导和鼓励下，弟弟也于 2008 年考上了贵州职业警官学院。但同时她也陷入了深深的困惑。父亲怎么办？为了照顾父亲，年仅 21 岁的她做出了一个惊人的决定——带着父亲上大学。她一边上学一边打工照顾父亲，每月还要从牙缝里挤出两三百元寄给弟弟。每天在夜市帮人洗碗，一直工作到深夜两点才结束。和多数女孩一样怕走夜路，她常常是唱着歌走在夜深人静的公路上。她相信，只要用越来越强大的心走"夜路"，总有一天，黑暗也会变光明。

她叫张蕾，第三届全国道德模范，曾经是贵州省铜仁学院中文系学生，一个带着父亲上大学的坚强女孩。生活在辗转磨难之后终于出现了暖色调。

如今，张蕾已大学毕业留校工作，弟弟也考上了公务员。没有变的是，张蕾依然把父亲带在身边，精心地照料着。张蕾说："作为一个女儿，不离不弃，是我对爸爸一辈子的责任。"

上述这个案例，可以让我们看到身边的孝女，也可以从她照顾父亲的过程中，感悟到自己应该如何行孝，怎样励志。

上述案例是翻转课堂教学实践中，如何利用课后的问题探讨实现思想政治教育的操作经验的总结。因此，在课程思政实践中，我们要实现课内教学与课外问题探讨的有机融合，相互协同。

第二节　线上与线下匹配

依据目前课程思政研究所取得的成果，我们还要在线上与线下的协同中完成课程思政的教学任务。

一、线上与线下的内涵之辩

“线上”与“线下”有广义与狭义之分。为了区分两者的不同，在此以“‘线上’与‘线下’的内涵之辩”来阐释。

（一）线上与线下之别

在狭义的层面上，多数人都把“线上”理解为网课。与之相对，“线下”也就理所当然地成了传统教学中的课堂教学了。其实不然，“线上”还可以理解为网上的教学资源；“线下”也同样可以理解为那些不依赖网络而存在的教学资源。即不以教学行为发生的场域为标准，或许更利于我们拓展课程思政的实践。

之所以要在广义的层面上理解“线上”与“线下”的内涵，主要是出于对大学生教育现状的思考。大学生可分全日制大学生和非全日制大学生两大类，两者之间的明确区别，让我们意识到了只有把“线上”与“线下”进行广义层面上的理解，才能兼顾两类大学生的课程思政实践。

首先，为了构建线上线下混合式的教学模式，我们要在广义上理解两者的区别。非全日制大学生的年龄参差不齐。跨度较大的年龄差让其拥有了不同的网络资源。从资源的储备、网络的使用、上课的方式等诸多方面，他们都与全日制大学生有所不同。因而，只有在广义的层面上，我们才能构建线上、线下混合式的教学模式。为了解决非全日制大学生学习时间碎片化特征以及工作学习时间相冲突的问题……总结凝练在非全日制大学生中应用线上线下混合教学模式存在的问题。[①] 反思引文的观点可知，无论是为了协同非全日制大学生与全日制大学生的课程思政实践，还是为了兼顾非全日制大学生的课程思政实践，我们都应从广义的层面上理解“线上”与“线下”的区别。

其次，专业协同与跨专业协同，我们需要在广义层面上理解“线上”与“线下”的内涵。专业课学习可以利用线上的资源完成，也可以利用线下的资源完成；同样，大学生的思想政治教育可以在其专业课的课堂上学习，也可以在思想政治理论的课堂上学习。

例如，古代文学专业的全日制大学生和非全日制大学生都要对《三国演义》这部名著进行深入研讨。研讨的过程不只是在其专业课堂上，还可以参看网易公开课来学习。在网易名著导读中，我们可以看到南开大学的《〈三国演义〉从文化传统看“三国”》系列课程。在第一节课的讲解中，老师引用胡适在《三国志演义序》中的一段话：

> 在几千年的通俗教育史上，没有一部比得上它的魅力，五百年来，无数的失学国民从这部书里，得到了无数的常识与智慧。从这部书里学会了看书写信作文的技能，从这部书里学得了做人与应世的本领……

这是胡适的观点，也许不会被我们接受，也许会被我们认可。然而，作为大学生而言，不管我们是接受胡适的观点，还是要驳斥胡适的观点，

① 毕忠勤，李永斌，刘志斌．面向非全日制研究生的线上线下混合教学模式研究［J］．黑龙江教育（理论与实践），2020（11）:64.

都要以自己的阅读感悟去例证。而这一过程就是学生们自觉参与思政的过程。在这一过程中，如果说学生们看到胡适的观点就是专业学习，就是其利用网络资源以“线上”的形式进行学习的必然结果，那么例证胡适观点或驳斥胡适观点的过程，其实就是以“非专业”的方式接受思想政治教育的过程。

再次，有利于充分挖掘课程思政的教学资源。课程思政教育所需要的教学资源构成可一分为二：一部分是传统课堂教学中积累的资源，如专业课的教材等。虽然当初这些教材的编写者并没有课程思政的理念，但其在编写过程中仍然会自觉或不自觉地融入思想政治教育内容。另一部分是网络思想政治教育资源。如各个级别的精品课程以及各种类型的慕课。因此，在课程思政实践中，我们要在广义的层面上理解“线上”与“线下”的内涵，才能在不同类型教学资源的相互协同中提升教育效果。在水污染控制工程专业的教材里，为了讲解水污染防治技术的进步史，可选用济南西区污水文化厂的案例：一是济南西区污水处理厂利用曝气方法处理污水的例子；二是济南西区污水处理厂利用采氧化沟进行生物处理，用机械曝气方法处理污水的案例；三是后期 A20 工艺，选择了鼓风曝气进行处理的案例；四是改用悬挂式进行水处理的案例。这本身就是污水技术的发展史，看似与思想政治教育无关，只是用于讲解污水处理技术优缺点的个案，却把“发展眼光看待问题”的哲学理念演绎得淋漓尽致。

（二）线上与线下的匹配

线上与线下的匹配，其实就是大学生教育课程思政实践的创作过程。现已有部分大学生的任课老师意识到了这一点且在自己的实践中取得了值得我们借鉴的成果：在互联网手段载体运用上，复旦大学探索推出《思想道德修养与法律基础》“慕课”，积极运用互联网等新的手段载体，“线上”“线下”翻转课堂，使思想政治教育工作更接地气、更有活力。①

① 高德毅，宗爱东．从思政课程到课程思政：从战略高度构建高校思想政治教育课程体系［J］．中国高等教育，2017（01）:45.

在本科阶段，已有学者探讨线上与线下匹配中进行课程思政实践的案例。在《工商管理专业线上线下课程思政课堂教学建设途径与探索》一文中，作者曾有这样的结论：在课堂教学上，要充分发挥工商管理的专业优势，让人们从感性的角度转化成理性的角度去认识这个世界，真切地意识到中国的力量，并且将此融入工商管理课程中，比如在讲授《管理学》时，就需要更加坚定我国政府的管理水平和优越的社会主义制度，并且老师在授课时，通过使用网络微视频、案例分析、小组讨论的交流方式……[①]引文中有三个事实：一是在工商管理专业的教学中，任教老师融入了思想政治教育的内容；二是教学过程体现了线上与线下的融合；三是“线上”的意义被拓展到了网络上的教学资源。并非狭义层面上的网络授课。

在大学生阶段，已有线上与线下混合式教学模式构建的相关思考。构建一个线上与线下混合式的教学模式及其相关问题的研究已出现在了大学生学段的教学改革尝试里，其中《面向非全日制大学生的线上线下混合教学模式研究》一文就是例证。虽然此文没有提及课程思政的问题，但正如前边分析的那样，在线上、线下混合教学模式的实施中，有许多思想政治教育的任务已在潜移默化中完成了。在此如能把上述两篇研究文献整合性思考，再加之我们前边论述中提及的教学感悟，相信各位任课教师一定会在更广义的层面上理解“线上”与“线下”教学的含义。

二、线上与线下匹配的困境

在线上资源与线下资源的匹配中进行课程思政实践，还存在着一定的困难。这些困难主要体现在如下几个方面：

首先，狭义地理解“线上”与“线下”的内涵，禁锢了利用网络资源进行课程思政实践的意识。如果仅在狭义的层面上理解“线上”与“线下”的内涵，那么许多有利于课程思政的教学资源就会被我们所忽略。教学资

① 陈伟．工商管理专业线上线下课程思政课堂教学建设途径与探索［J］．中国多媒体与网络教学学报（上旬刊），2020（12）:30.

源影响着教学效果，这是一个不争的事实。因而，谁拥有的教学资源丰富，谁就能在课程思政的实践中拥有自己的优势。因而，在课程思政的实践中，我们能否充分利用网络教学资源是一件至关重要的事情。

其次，挖掘与构建有失偏颇的困境。“线上”或者说网络资源的挖掘与构建同样重要。只挖掘那些有利于课程思政的网络教学资源虽然可以，但不如在挖掘网络教学资源的同时，构建适合课程思政的网络教学资源。就如传统的思想政治教育的精品课程和本科学段的课程思政精品课程《中国道路》那样。在教育发展不均衡的现状下，那些课程思政实践取得了一定成果的高校、取得了一定成果的专业教师，若能把其积累的课程思政教学资源通过网络分享出来，无疑能够推进课程思政实践的快速发展。

再次，只挖掘而不开发，降低了课程思政教育资源的利用率。因此，提倡网络平台与学校课程思政实践的整合。许多网络平台都拥有丰富的课程思政资源和专业课的教学资源。若能把其与学校的课程思政实践整合，无疑是一件非常迫切的事情。如上边提到的网易公开课，如优酷上的《中国道路》课程思政视频。实现网络平台与高校课程思政的整合，好处有二：一是可以在分享课程思政成果的基础上，实现高校教育教学资源的均衡化发展；二是可以利用分享的方式构建网络教育教学资源。

第三节 专业与非专业融合

课程思政本身就体现出专业与非专业融合的特点。这里的“专业”往往被狭隘地理解为专业课，“非专业”指思想政治教育——这一原本由思想政治理论课完成的教育实践及其所涉及的教学内容、教学任务等。可事实却非如此，因而我们要重提“专业”与“非专业”的内涵以及两者的融合问题。

一、有失偏颇的专业与非专业

在课程思政的实践中，我们应该辩证地理解“专业”与“非专业”的内涵，否则会因为理解上的偏颇而影响我们的课程思政实践。

首先，“专业”应该从两个层面上理解：一是所谓的“专业”是指专业课。这点毋庸置疑。正如前边对课程思政的界定时所谈及的那样，把思想政治教育元素融入专业课的教学中。比如，在环境类大学生的专业课流域水环境课程的教学中，如何才能融入思想政治教育呢？有研究者分享了这样的教学经验：学生普遍认为，流域水环境学体现了我国的传统文化智慧以及深刻的生态文明思想，有助于增强民族自豪感以及爱国情怀。专业课是高校教育的主要课程，是思政教育开展的重要途径……通过挖掘流域科学背后的思政元素，探讨了环境类大学生基础专业课的“三个聚焦”思政教育模式……[①]引文的作者所示的案例就是依托专业课进行的思想政治教育。

二是“专业”还应该从课程思政的载体——“专业课”拓展到思想政治教育的方法上。思想政治教育需要一个专业化的教学方法才能取得高效的教育成果，这也是一个不争的事实。即使在课程思政实施之初，我们那些专业课的教师还不具备运用这些专业方法的能力，但我相信随着课程思政实践的深入发展，我们专业课的教师势必会在教学经验积累的同时，也能构建、掌握思想政治教育的专业方法，或者说相对“专业”的教学方法。

“非专业”的内涵也要辩证地理解。在专业课中实施思想政治教育，这在传统意识上就是把非专业的知识融入专业课的教学中。比如，波浪理论及其工程应用是船舶与海洋工程专业大学生的必修课。在传统的教学中，这门课程只关注波浪运动及其海洋结构物相互作用的力学问题。在课程思政的视域下，波浪理论及其工程应用这门课则要依托专业承载的教学任务进行思想政治教育，其中包括领水主权意识、专业责任感与爱国奉献精神。[②]引文的教学案例是对“非专业”的一个案例。但在课程思政的视域下，把波浪理论及其工程应用这一教学实践与其他大学生课程思政实践整合，我们就会发现，思想政治教育已是所有学科教学的任务了。因而，“非专业”的教学任务早已是“专业”的教学任务了。

二、专业与非专业的融合

课程思政实践的最大特点就是要在“专业”与“非专业”的融合中实现由专业到非专业或非专业到专业的转化。融合是前提，转化是结果。

护理专业课程思政是指将思想政治教育融入护理学专业课程教学的各

---

① 陈磊，余宇．环境类研究生基础课思政教育模式初探——以流域水环境课程为例［J］．环境教育，2020（11）:52.

② 姜胜超，徐博，孙雷．《波浪理论及其工程应用》研究生课程思政教育的探索与研究［J］．高教学刊，2020（29）:11–14.

个环节，培养医德高尚、德才兼备，为人民服务的护理专业人才。①引文阐释了护理专业课程思政的基本理念。依据这样的教学理念，引文的作者还设计了这样的教学过程："厚理论，融入爱国主义教育；硬技术，融入职业素养教育；善关怀，融入生命关怀教育……"②对引文作者的课程思政实践，我们可以这样分析：

首先，在护理专业知识的传授中融入思想政治教育的内容，应视作由专业到非专业的教学实践。"厚理论"是专业知识、技能的传授；"爱国主义教育"是把思想政治理论课整合到专业课的教学实践之中；同样，"善关怀"也是护理专业的知识，但在传授善关怀专业知识的同时，融入生命关怀教育，这也是由专业到非专业的过程。但需要注意，这里的"专业"与"非专业"仅是相对意义上的术语而不是绝对意义上的区分。

其次，由非专业到专业的转化，其实也就是融合结果的显现。每位专业课教师的第一次课程思政实践可以说都是"非专业"的尝试。但随着课程思政实践经验的积累与分享，同样的课程思政实践会越来越成熟，效果会在不断的实践中得到提升。

① 李惠玲，莫圆圆，李春会 . 高级护理实践专业课程思政建设思考与实践［J］. 中国护理管理，2020，20（07）:966.

② 李惠玲，莫圆圆，李春会 . 高级护理实践专业课程思政建设思考与实践［J］. 中国护理管理，2020，20（07）:966.

第四节　需求与任务驱动

反思课程思政实践，我们会发现，它是学习需求与任务驱动下的教学改革实践。因而我们要明确，有哪些需求促进了课程思政的发展，又有哪些任务驱动着课程思政实践不断地前进。

一、需求驱动下的课程思政

“课程思政”融入大学生课程体系具有重要意义，但现阶段存在教学方式显性化、形式化与功利化的困境，如在大学生课程结构中覆盖不全面，大学生导师能动性缺失，缺乏有效的评价体系等问题。[①]分析引文可知，大学生学段内的课程思政需要高校的管理者与任课教师包括大学生们的参与才能完成。因而我们说，大学生教育中的课程思政实践主体有三个：一是高校的管理者；二是高校的任课教师；三是高校的学生。这三类不同的主体，他们的需求与所面对的任务是不同的。

（一）高校管理者的需求与任务

如何深化高校教育教学改革也是高校管理者的任务之一。在高校的各类课程与思想政治理论课同向同行，形成协同效应的管理需求下，每一名

① 王茜．“课程思政”融入研究生课程体系初探［J］．研究生教育研究，2019（04）:64.

高校管理者都要完成如何深化育人体系改革的任务。具体来说是这样的：

首先，高校育人环境的变迁，诞生了新的育人需求。在社会多元价值交织、渗透的复杂背景下，单纯或过度依赖思政课对大学生进行价值引导的局限性日益凸显，亟需发挥多学科优势，全员全课程、全方位育人。[①]引文在描述高校育人环境变迁的同时，也对新时期高校育人的需求进行了说明。基于这样的需求，高校的管理者就需要思考如何借鉴上海高校的课程思政成果，改革自己院校的育人体系，深化课程思政改革的问题——这是他们新的管理任务。为此，他们就要协调本校所有的育人力量，尝试育人改革的实践。

其次，成功的经验需要在借鉴的基础上，创新地运用本校的教育教学资源进行改革。课程思政改革公认的结果是其有效地提升了高校思想政治教育的客观效果。究其原因，那是因为在上海各高校的课程思政实践中，课堂教学的育人主导地位得到了众人的认可，课堂教学传授知识与引导思想认知的功能得到了强调。正是这样的强调，才让高校各学科的教师树立起了“全过程”“全方位”“全员”育人的理念；才让各学科的育人资源得到了不断地挖掘与利用；才让线下的思想政治育人工作与线上的课程育人功能形成了合力，进而提升了高校思想政治教育的育人效果。

（二）高校教师的需求与任务

在新的育人环境里，在育人环境持续复杂化的过程中，每一位高校教师也都有参与课程思政实践的内在需求与必须承担的教学任务。

站在新时代的历史方位，聚焦全国高校普遍开展课程思政建设的重要任务，依据党和国家的教育方针政策，准确把握新时代课程思政建设的焦点目标、厘清其难点问题、找准其着力方向，成为发挥好各类专业课程的育人作用、使其与思政课程同向同行、构建全员全程全方位育人大格局、

① 高德毅，宗爱东.从思政课程到课程思政：从战略高度构建高校思想政治教育课程体系［J］.中国高等教育，2017（01）:43.

培养德智体美劳全面发展的社会主义建设者和接班人的关键所在。[①]引文阐释了三个方面的事实：一是高校教师参与课程思政实践的需求与必须承担教学任务产生的背景。二是这些教学需求的具体构成。依据教育方针与相关的教育教学政策，每一名高校老师都需要准确掌握新时代课程思政的具体操作。特别是在课程思政的操作中，如何找准着力点，这是最关键的。三是对高校教师所承担的教育教学任务的明确。在发挥本专业课程育人工作的同时，还要思考如何使专业课与思政课同行，如何构建“三全”育人大格局的问题。即如何在彼此协同中完成新育人体系的构建过程。只有做到了这一点，高校教师才能在完成专业课教学的基础上，完成培养社会主义建设者与接班人的任务。

（三）大学生的需求与任务

大学生也有参与课程思政实践的需求与任务。现以长安大学的《信息隐藏技术》这一课程为例进行说明。该课程自 2015 年开始设置至今已完成了 5 届学生的教学。《信息隐藏技术》原名是《网络通信安全技术》，后因教学内容的适应性补充与完善改为现在的名称。5 年的选课人数有一万余人。

首先，课程的开设是在国家发展需求刺激下诞生的学习任务。党的十八届五中全会第一次提出了实施国家大数据战略和网络强国战略。2015 年 12 月 16 日，在第二届世界互联网大会上，习近平总书记指出，“十三五”时期，中国将大力实施网络强国战略，从那时起，中国的互联网和信息产业进入了发展的快车道。[②]据引文可知，正是因为国家发展的需求，网络信息安全技术专业的学生必须要掌握专业发展的前沿技术，与此同时，这些未来保护国家网络安全的工作者们必须要有热爱祖国、拥护党的领导、心

① 娄淑华，马超．新时代课程思政建设的焦点目标、难点问题及着力方向［J］．新疆师范大学学报（哲学社会科学版），2021（05）:9.

② 任帅，范傲雄．课程思政视域下的专业课程建设研究——以长安大学《信息隐藏技术》课程为例［J］．中国多媒体与网络教学学报（上旬刊），2020（09）:230.

怀天下的情怀。

其次，课程的开设是在专业需求刺激下诞生的学习任务。2020 年上半年我国互联网网络安全监测数据分析报告中的统计数据让我们意识到这一问题的严重性，2020 年上半年，计算机恶意捕获程序样本数量约 1815 万次，日均传播数量约 485 万次。按照目标 IP 统计，我国境内受计算机恶意程序攻击的 IP 地址高达 4208 万个，约占我国 IP 总数的 12.4%。仅从如上的数字就可知我国面对的网络安全形势有多么严峻。分析这样的专业形势，我们一方面要强化专业知识的学习，另一方面还要树立正确的网络安全观。

二、需求与任务协同下的课程思政

需求与任务的协同导致了课程思政的诞生。仔细分析上述提及的每一个案例，都可以得出这样的结论。

首先，因为上海高校的课程思政实践取得了令人瞩目的育人效果。因而，其他各地的高校管理者在借鉴其改革经验的需求刺激下，也诞生了他们改革自己高校传统育人体系的任务。

其次，高校的专业课教师，面对时代、社会发展育人需求，必须改变传统的教学方式，把思想政治教育的任务融入专业课的教学中。虽然在这一实践的开始他们还不具备思想政治理论课教师那样的思政育人方法，但随着实践发展，他们也会由“非专业”的思想政治教育者变成课程思政的育人能手。

最后，作为大学生，他们要积极响应国家未来的发展需求，在学习专业知识的基础上，树立正确的职业观，自觉培育社会主义核心价值观。因而，在这样的学习需求刺激下，他们必然要完成专业学习与品德修养提升的双重任务。由于专业的不同，这些大学生所面对的需求也会有所不同，因而，他们的学习任务也是有差别的。从这点看，个性化学习与课程思政的协同创新就显得更为重要了。

第六章

评价改革估效果

个性化学习与课程思政的协同创新是要在具体而又持续的教学过程中来实现的。因而，对这一过程的评价与反馈直接影响到这一教学改革实践的完善。

第一节　评价体系的构建

课程思政评价体系的构建研究需要在对其研究现状总结的基础上，在参考相关研究成果的基础上，确立相应的评价体系。

一、评价体系的研究现状

研究现状可从两个层面上总结。在宏观层面上，我们可以依据相关的研究文献及其数量来对大学生课程思政评价体系的研究现状进行大致的总结，并从中发现未来的努力方向：据知网上有关大学生课程思政的研究文献来看，我们可发现如下的事实：有关专科大学生课程思政的研究文献少于本科生的课程思政研究。截至 2021 年 1 月末，探讨本科大学生的文献共有 80 篇，其中学术期刊上发表的文献有 75 篇，2 篇学术论文，1 篇国内会议类文献和 2 篇报纸上发表的文献。

对上述统计结果再进行细化，我们又可发现与本科大学生课程思政评价相关的文献有：《基于 CIPP 的行业院校大学生课程思政评价指标体系研究》《北京协和医学院思想政治理论课教学改革探究》《药学大学生“课程思政”设计及实施效果研究——基于“CPU 大讲堂”个案分析》等为数较少的研究文献。而且这些谈及大学生课程思政评价性的文献里，有关如何评价大学生课程思政的研究又非整篇文章探索的对象。

仔细阅读上述与本科大学生课程思政评价相关的文献，可发现文章作者的探讨重点：

首先，依据 CIPP 理论构建本科大学生课程思政的评价体系。《基于 CIPP 的行业院校大学生课程思政评价指标体系研究》一文的最大重点。CIPP 评价模式主要包括背景评价（Context Evaluation）、输入评价（Input Evaluation）、过程评价（Process Evaluation）和成果评价（Product Evaluation）四种评价。① 暂且不论及引文所涉及的 CIPP 理论，仅从其构建的评价体系上看，我们就能发现这是相对科学而且符合课程思政特点的建议。背景评价属于诊断式评价，评定的对象是需要、问题、资源和机会。正如前边所言，课程思政的对象涉及教学的管理者、专业课的任课教师与学习者。在课程思政的改革中，任课教师与教育教学的管理者能否抓住课程思政实践的机会，找准思想政治教育的切入点以及能否挖掘自己拥有的思想政治教育资源的育人价值，都会影响到最终的育人效果。输入评价是在背景评价的基础上，对达到目标所需的条件、资源以及各被选方案的相对优点所做的评价，其实质是对方案的可行性和效用性进行评价。②此处引文先对输入评价与背景评价的关系进行了说明。即输入评价是对背景评价的继续与发展。因而，它在基于背景评价的基础上才可以。在输入评价中，评价的重点是实施课程思政时，对实施方案优缺点的评价。优秀的实施方案意味着后续课程思政实践的可行性与效用性。只有方案可行，它才会在实施后显示出最终的效用性。否则，一个错误或不完善的课程思政方案，即使被付诸实践，其最终效果也不会达到我们预期的目的。顾名思义，过程评价就是对课程思政实施过程的评价。即对大学生课程思政的实施过程进行必要的监督、检查并反馈评价结果，以其及时完善课程思政的实施方案，从而为取得高效的育人效果夯实基础。最后一个评价是结果评价。即对课程思政实践是否达到了预期的育人目标的判断。如果取得了高效的育人结果，

① 雷晶晶．基于 CIPP 的行业院校研究生课程思政评价指标体系研究［J］．创新创业理论研究与实践，2020，3（23）:149.

② 雷晶晶．基于 CIPP 的行业院校研究生课程思政评价指标体系研究［J］．创新创业理论研究与实践，2020，3（23）:149.

那么这样的课程思政方案就会作为一种成功的经验被分享给其他高校和教师；相反，如果课程思政的实施方案被发现了问题，那么我们就要对症下药，依据存在的问题，制定出相应的解决对策，从而为完善下次的课程思政积累经验。

对上述课程思政评价体系的研究分析可知，作者眼中的课程思政评价体系是一个系统化的构建。尽管这样的评价体系切实可行，但其略过于宏观。比如说评价中所涉及的评价标准就无任何可操作的说明。例如，背景评价就涉及资源的挖掘与利用，但什么样的挖掘与利用才能取得最佳的育人效果呢？文章并未涉及。但这并不意味着研究者所提议的评价体系构建不可行。它只是说明后续的研究者还要在此基础上，继续探讨课程思政评价体系的构建问题。以期在不断的完善中使这一评价体系的构建逐步变成现实。

其次，大学生课程思政评价的具体方式选择及课程思政评价的历时演变研究。这是《北京协和医学院思想政治理论课教学改革探究》一文中有关评价研究的重点。这篇文章的作者所研究的对象并非以大学生的课程思政实践评价为主。但作为一项教学实践，课程思政实践必然会成为评价的对象，大学生的课程思政评价也必然会成为教学及其相关问题研究的重要组成。即，探讨大学生课程思政及相关问题，课程思政的评价绝对是不可以忽视的问题。

> 过去思政课采用较多的是撰写课程论文、开卷考试；其次是课堂表现、平时成绩和考试。本课程设计了小组学习、课堂读书汇报作为平时成绩，提高了平时成绩在总成绩中的占比，目的是强化过程学习。主要考察各小组对原著内容的理解程度、是否能够结合自身、社会实际来深入分析和灵活运用，以期从思想认知、情感意志、态度行为等方面了解学生的整体学习状况。①

---

① 刘俊香，郭旭芳，高川，张旭平，何仲 .北京协和医学院思想政治理论课教学改革探究[J].基础医学与临床，2020，40 (06) :853.

引文有三个层面上的内容：一是大学生课程思政实践评价方式的选择问题。在课程思政发展的历程中，不同时期曾采用过不同的评价方式。正如引文“过去”一词后所列举的评价方式。论文的撰写、开卷考试以及课堂表现等诸多都是我们用来评价大学生课程思政实践的具体方式。这些方式的选择，在彰显大学生教育中的课程思政与本科生有所差异的同时，也在兼顾大学生学习的特点。尤其是把论文的撰写作为课程思政的评价方式，更能突出大学生课程思政的特点。随着课程思政实践的发展，对其评价的方式也在持续的改革之中，这就是引文“主要考察”一词后边列举的各种方式。特别是“是否能够结合自身、社会实际来深入分析和灵活运用”自己在原著中学到的专业知识与受到的思想政治教育并用其约束自己的言行，这点很重要。因为这样的考察，在强调专业学习中接受的思想政治教育的同时，也在强调大学生们能否在接受的思想政治教育理念的影响下，规范自己的言行。

二是大学生课程思政评价的历时演变。引文中大学生课程思政的评价方式是随着课程思政实践的发展而不断深入的。或者说，大学生课程思政的评价要与其实践的开展现状保持一致。随着课程思政的设计越来越成熟，随着大学生课程思政实践的不断深入，我们的评价体系也要随着评价方式的改变而改变。思想上的认知影响着学生情感意志的培养，学生们情感意志的培养效果又会最终以大学生的态度行为来体现。因而，引文的作者称这样的评价可以全面地了解学生们整体的学习状况。

三是如何实现课程思政评价的重要原则：专业化。引文评价方式的适应性改革表明了一个这样的事实，即针对大学生课程思政而设计的评价体系要向专业化的方向发展。第一是评价的专业化。教育教学评价本身就是一项专业性极强的教育教学行为，因而，只有专业化的评价，才能反馈客观而公正的课程思政实践。第二是贴近学生的专业。大学生的教育教学是所有学段里，最具专业性的教学。因而，针对其所进行课程思政评价一定要与他们所学的专业匹配。同样是考察大学生各小组对原著内容的理解程度、是否能够结合自身、社会实际来深入分析和灵活运用的问题，因评价中所指定“原著内容”的不同，我们后续考察大学生们的理解与运用问题的具体内容也会有所不同。

二、评价体系构建的设计与规划

大学生课程思政评价体系构建的设计与规划，要从如下两个方面着眼思考：构建的原则、具体的设计与规划。

（一）评价体系构建的原则

大学生课程思政评价原则：可持续化原则、专业化原则与个性化原则。持续化原则是指对目前相关研究的深化。对于大学生课程思政评价体系的研究已有部分研究者涉及，尽管这些思考被付诸实施且到构建一个评价体系还需要一定的时间，但他们的思考却为后续的评价体系构建提供了可以借鉴的理念。为此，从这个意义上讲，构建大学生课程思政评价体系一定要参考现有的相关研究。同时，专科大学生课程思政研究相对滞后于本科大学生的课程思政研究，故而，在谈及专科大学生课程思政评价体系构建的时候，不妨借鉴本科大学生的课程思政评价体系。从另一个层面上分析，大学生课程思政评价体系的构建是一个持续的过程，从理论设计到具体实施再到完善、改进，这也是一个持续的过程。因而，面对不可能一蹴而就的评价体系构建，坚持持续化的原则才是正确的选择。

其次，专业化的原则是指针对不同专业构建不同的评价体系。为此，要使每一名参与课程思政实践的管理者、任课教师与大学生们，都要充分认识构建评价体系的重要性。强调课程思政评价体系构建的重要性并给予相关的构建建议。这是《课程思政推行中若干核心问题及解决思路——基于专业课程思政的探讨》一文的最大特点。这是一篇影响较大的研究文献，作者在文中论及课程思政评价体系构建的观点，对我们探讨大学生课程思政评价体系构建问题的思考极具启示。在谈及“专业课中学生的思想政治教育效果如何评价？”的时候，文章的作者从“帮助专业课教师形成对评价重要性的认识、科学设定评价主体、系统开展评价活动”[①]几方面强调帮助专业课教师形成对评价重要性的认识，从某种程度上讲，那就是要突出评价体系的专业化。只有意识到了评价的重要性，专业课教师才会结合自己专业对其课程思政的评价问题进行深入的思考并把思考的最终结论付诸评价体系的构建中。

大学生课程思政评价的对象是大学生们个性化的学习效果。因而，在构建评价体系的过程中，一定要坚持个性化的原则，针对不同专业的大学生，针对同一专业不同的大学生，我们的评价标准理应有所差异，只有这样，才能推动个性化学习理念参与大学生学习、研究实践的可能。

（二）评价体系的设计初衷

大学生课程思政评价体系的设计，我们要有这样的初衷：

首先，层级评价指标彰显评价体系的实用性。大学生课程思政的评价指标至少应该具有三个层级。在每个层级中，都要兼顾到课程思政实践的核心要素：个性化学习理念与协同创新的思路。

个性化学习要体现在两个层面上，一是个性化的课程思政的教学过程，二是个性化的课程思政的学习过程。协同思想也要体现在两个方面：一是专业课中的思政资源与思想政治教育的协同；二是专业课中的思想政治教育与思想政治理论课教学的协同。只有如此，才能实现课程思政与思政课程的同向同行，形成协同效应。

其次，评价操作专业化。即在教育教学评价研究成果与课程思政实践的协同中，完成对课程思政的专业化评价。

再次，评价结果应用的科学性。评价反馈的结果要被充分利用才能实现评价的价值。为此，评价的结果至少要反馈给高校课程思政实践的管理者、课程思政的实践者。对于后者而言，又至少包括专业课教师和思想政治理论课教师。

---

① 陆道坤.课程思政推行中若干核心问题及解决思路——基于专业课程思政的探讨[J].思想理论教育，2018(03):66-68.

第二节　评价过程的操作

大学生课程思政评价的具体操作主要包括评价指标体系的构建以及对其所构建的指标体系合理性的确定与应用等三个方面。

一、评价指标体系的构建

参考个性化学习理念与课程思政的实践，我们应该构建如下的评价体系并对其科学性进行必要的验证。

大学生课程思政评价指标体系

一级指标A	二级指标B	三级指标C
课程思政团队构建 A_1	思政能力与专业素养的协同 B_1	正确的政治方向、丰富的政治理论知识、过硬的专业知识 C_1
	师德培养与师风构建的协同 B_2	爱岗敬业、敬业爱生、有较强的育人责任感 C_2
	团队成员协同 B_3	管理者、专业课教师、思想政治理论课教师、协同课程思政 C_3
思政实践管理 A_2	教学质量 B_4	思政调查问卷与考试成绩结合反馈教学效果 C_4
		公开课、科研论文反馈与院系领导评价、督导评价整合反馈教学效果 C_5

续表

一级指标A	二级指标B	三级指标C
思政实践管理 A_2	课程思政的个性化课堂教学实践 B_5	整合教育信息技术，充分挖掘利用专业课的思政资源。线上与线下教学同步 C_6
		古今中外案例协同，师生互动性强 C_7
		思想政治教育满足学生的个性化需求 C_8
		思想政治教育符合教育方针且能满足学生新的学习方式 C_9
	专业课与思想政治教育的协同 B_6	挖掘、开发专业课的思政资源并融入思想政治教育内容 C_{10}
		彰显政治立场，突出教育的科学性，强化思政教育的指导性 C_{11}
教学效果的协同性评价 A_3	学生评价 B_7	学生反馈较好，学有所获，修养提升 C_{12}
	学术性评价 B_8	获取院系、学校及同仁、学术界的好评 C_{13}
教改与经验协同 A_4	持续化的教学改革 B_9	协同他人的课程思政实践，借鉴他人的经验并创新式运用自己的教学实践 C_{14}
		总结、分享自己的课程思政经验，有意识地构建课程思政的新资源 C_{15}
	教学研讨、经验交流 B_{10}	在交流与研讨中，构建适合本学科且能够彰显自己教学艺术的思政方法体系 C_{16}

运用秩和比法对上述指标体系的权重进行计算。计算之前，确定了如下的调查对象：高校课程思政的管理者、专业课教师、思想政治理论教师和部分大学生。调研统计后的数据，经计算后获取了如下的权重结果：

大学生课程思政评价指标权重

一级指标A权重		二级指标B权重		三级指标C权重	
A_1	0.22	B_1	0.26	C_1	0.26
		B_2	0.27	C_2	0.27
		B_3	0.28	C_3	0.28
A_2	0.23	B_4	0.25	C_4	0.26
				C_5	0.24

续表

一级指标A权重		二级指标B权重		三级指标C权重	
		B_5	0.28	C_6	0.27
				C_7	0.29
				C_8	0.26
		B_6	0.29	C_9	0.30
				C_{10}	0.28
				C_{11}	0.24
A_3	0.09	B_7	0.14	C_{12}	0.14
		B_8	0.19	C_{13}	0.19
A_4	0.26	B_9	0.29	C_{14}	0.30
				C_{15}	0.29
		B_{10}	0.32	C_{16}	0.32

二、测评体系的实证性操作

应用上述评价体系，在调研的基础上，对高校课程思政实践进行评价。这是本次实证性操作的基本内涵。

（一）课程思政的调查

实证调查的对象为高校课程思政的管理者、专业课教师以及部分大学生。本调查针对不同的调研对象设计不同的调查问卷，调查围绕三个重点问题：个性化学习参与课程思政设计的情况、教育教学资源的协同视角下课程思政设计以及创新性的改革成果。调查问卷附后。

本次发放调查问卷 515 份，其中回收有效调查问卷 490 份。回收有效率为 95.1%。该问卷用 Liket 标度法设计调查问卷。从特别不满意到非常满意，分为五个档次并依次赋予 1 ~ 5 分。

（二）课程思政的实证性评价

对上述调研结果，采用 $X=\sum_{i=1}^{n}\varepsilon_j y_j$ 构建模型并进行数据分析后，得出了如下的统计结果：

课程思政测评得分汇总表

三级指标	课程思政管理者	专业课教师	课程思政教师
C_1	4.00	3.30	4.00
C_2	4.00	4.00	4.00
C_3	3.80	3.70	3.80
C_4	3.70	3.50	3.60
C_5	3.90	2.90	3.60
C_6	3.80	3.70	3.90
C_7	3.10	3.20	3.20
C_8	3.30	3.20	3.10
C_9	3.76	3.62	3.54
C_{10}	2.89	3.10	3.20
C_{11}	4.00	3.80	4.00
C_{12}	4.00	3.60	3.80
C_{13}	3.60	3.10	3.40
C_{14}	3.60	3.10	3.30
C_{15}	3.70	3.50	3.65
C_{16}	3.20	2.50	3.10

分析上表数据可知：C_1 即“正确的政治方向、丰富的政治理论知识、过硬的专业知识”的数据表明，承担大学生专业课教学的老师与课程思政的管理者和思想政治理论课教师相比，他们相对缺乏思想政治教育的专业知识。C_2 即“爱岗敬业、敬业爱生、有较强的育人责任感”的调查中，课程思政的管理者、专业课教师与思想政治理论课老师的师德、师风都得到了我们的认可。C_3 即“管理者、专业课教师、思想政治理论课教师、协同课程思政”的调研中，大家都认为“协同”是课程思政取得效果的前提。C_4 是有关课程思政考查方式的调查，或者说是对课程思政效果的调查。即利用调查问卷与考试成绩的整合来评价课程思政。即有关课程思政的效果评价，应该坚持多样化的评价。单一的评价，无法对其教育教学效果进行客观和公正的反馈。C_5 是“公开课、科研论文反馈与院系领导评价、督导

评价整合反馈教学效果”。在这项调研中，我们发现高校的专业课教师的经验积累还有待提升。这与我们在知网上，以“大学生”“课程思政”为主题词进行论文搜索的结果颇为一致。相关论文数量的缺失，表明专业课老师在课程思政实践中，还有许多需要努力的地方。C_6 即“整合教育信息技术，充分挖掘利用专业课的思政资源。线上与线下教学同步”已成为课程思政管理者、实施者的共识。C_7 即“古今中外案例协同，师生互动性强”，这一课程思政经验还有待管理者、专业课教师与思想政治理论课教师重视。相对而言，这项调研结果不如 C_6 的调研结果令人满意。C_8 即“思想政治教育满足学生的个性化需求”的调研结果显示，专业课老师没有对大学生个性化需求进行分析。虽然其在专业课教学中融入了思想政治教育的内容，但这些内容并不能满足学生的个性化需求。因而，在课程思政的实践中，思想政治教育的设计一定要考虑学生的个性化需要。C_9 调研的是“思想政治教育符合教育方针且能满足学生新的学习方式”。其中的意蕴在于强调课程思政实践要与学生学习方式的变迁保持一致，意在强调课程思政的教学设计要在与时俱进的过程中体现出创新性。在 C_{10} 的调研中，我们发现课程思政的管理者对专业课教师挖掘与开发思政资源的工作重视有待提高。这就需要管理者在重视课程思政的同时，协同其他教育教学改革经验，协助专业课教师开发思政资源。C_{11} 的调研结果让课程思政育人的优势，既在专业课教学中彰显了鲜明的政治立场，又突出了思想政治教育的科学性，同时也强化了理论的指导性。C_{12} 和 C_{13} 的调研结果显示，大学生的课程思政实践取得了预期的效果，学生的政治素养得到了培养，教学改革又在持续深化之中。C_{14} 与 C_{15} 调研的是课程思政经验的分享与利用问题。在经验的协同中可以促进不同高校间、不同专业间课程思政实践的均衡发展。与此同时，经验的分享还可以提升各专业、各院系、各高校间课程思政的育人效果。C_{16} 的调研结果显示，在交流与研究中，高校可以构建适合本学科并且能够彰显自己教学艺术的思政方法体系。

第三节　评价信息的反馈

大学生课程思政评价信息的反馈，一是指运用上述评价指标体系对目前课程思政实践的评价后反馈的信息；二是运用上述评价体系进行课程思政实践评价时发现的具体问题。如果只关注评价的结果，便不利于评价体系的完善；如果不关注评价的具体结果，那么我们构建的评价体系又失去了实用价值。故而，两者兼顾才能推动课程思政实践的发展。毕竟，没有一个评价体系不需要完善和改进。

一、评价结果反馈的问题

依据上述实证性的评价结果，目前大学生的课程思政实践还有如下几方面的问题需要解决：

首先，大学生课程思政实践中的“协同”理念还需与思想政治教育实践相互融合。如果把这“协同”只理解为“专业课”与“思想政治理论课”之间的协同，是不全面的，肤浅的。在专业课的教学中，从教学方式上讲就有线上与线下的协同；从教学的案例选择上讲还有古今中外案例的协同；从教学方法上讲有翻转课堂与微课、慕课的协同；在教学的设计上，学段间协同也是需要思考的对象；从备课上说，专业知识与思想政治教育内容的协同，更是大学生课程思政实践的前提。

其次，对个性化学习理念的理解要拓宽。大学生学段的专业课教学与思想政治教育都应突出，都应强化个性化学习理论。在个性化学习理论的指导下，明确大学生的个性化需求，然后再依据其个性化的需求设计课程思政的具体过程，无疑是最佳的教学策略。这也是我们基于“思想政治教育满足学生的个性化需求”这一评价结果反馈信息的分析。

“专业课程思政化是新时代对大学教育的新要求，旨在从培养全面发展的人的视角，在课堂设计中既实现专业知识传授与学生能力提升，还要实现价值引领。”[①]依据这一教学理念，引文的作者结合《休闲与新业态》这门旅游管理专业硕士的选修课的特点，提出如下这样的课程思政建议：“用休闲哲学的思想扭转对‘闲’的片面理解”“用‘休闲产业’的广度与宽度拓宽个人发展思路”，“用‘休闲’的价值根基来端正中国特色的发展观”。[②]引文的课程思政设计较好地顾及了学生的个性化需求。在休闲哲学理念的指导下，学生们更深入、更广泛地理解了“闲”的内涵，或者说从专业的角度理解了自己专业的价值所在。在学生众多的需求中，就业需要是一个重要的构成。就业不是目的，在自己的专业做出成就才是就业的目的。因而，引文的作者又把休闲产业作为拓展个人发展的思考。

再次，教学资源的挖掘是实现个性化学习理论与课程思政理论协同创新的关键。专业课教师若想在自己的专业课教学中融入思想政治教育，他们需要开发的教学资源不只是专业课的教学资源，还包括思想政治教育所需要的教学资源，思想政治教育的资源可能存在于专业课的教学资源，也可以源自对新成果、新成就的把握。这是基于“古今案例协同，师生互动性强”的评价结果相对较低的原因分析。古今案例，可能是专业课教学的资源，也可能是我们在思想政治教育中积累的其他学科的教学资源。

对于理工科的大学生而言，实验室是他们学习的重要场所。然而，“课程思政理念”下大学生实验室安全教育在教育理念、师资队伍、教学方式、

① 吕宁.新时代《休闲与新业态》课程思政化建设思路[J].教育现代化，2019，6(59):144.

② 吕宁.新时代《休闲与新业态》课程思政化建设思路[J].教育现代化，2019，6(59):145-147.

评价体系等方面却存在着一些问题。[①]引文作者依据其发现的问题，对在课程思政理念下的实验室安全教育的具体路径提出了这样的建议：协同育人，打造多元主体合力下实验室安全教育教师队伍。[②]引文的建议就是一则教学资源开发的案例，把专业课的老师组织在一起，形成育人的合力，这本身就是把多学科的教学资源运用于课程思政实践的措施。

二、评价体系还需要完善

大学生课程思政评价体系的构建还需要完善。这是我们运用上述评价体系时得到的深刻体会。如何才能完善评价体系并使之更适合大学生课程思政实践呢?

首先，利用协同的思想完善评价体系。这里的"协同"至少有两个层面的含义：

一是与大学生课程思政的实践协同。每个学科的课程思政都与其他学科的课程思政有所不同，为了突出这种不同，评价体系也应有所不同。因而，有研究者在探讨《食物资源化学》课程思政的实施策略时，共提出了四个课程思政的实施策略，其中就有"完善评价体系，体现思政主题"[③]这样的策略。究其原因，是引文作者希望课程思政的评价体系构建能够与课程思政的实践保持一致。若没有一个评价体系与课程思政的实践匹配，课程思政的实践效果就不会得到客观、公正的反馈，因而，在无法了解教学效果的前提下，我们就无法发现自己在课程思政实践中存在的问题，更不必说如何完善自己的课程思政实践了。

二是与大学生课程思政评价体系研究协同。课程思政评价体系与课程

---

① 徐敏华."课程思政"理念下研究生实验室安全教育路径探析[J].黑龙江教育学院学报，2018，37(09):45.

② 徐敏华."课程思政"理念下研究生实验室安全教育路径探析[J].黑龙江教育学院学报，2018，37(09):46.

③ 李欣蔚，迟原龙.课程思政视角下研究生专业课《食物资源化学》教学改革初探[J].广东化工，2020，47(10):183.

思政实践都是研究者关注的对象，借鉴他们的研究成果，我们也可以实现完善评价体系构建的任务。《药学大学生“课程思政”设计及实施效果研究——基于“CPU大讲堂”个案分析》一文的作者，在“‘CPU大讲堂’的评价与实效”标题下曾讨论了三个问题：评价方法与对象、课程整体满意度、课程的建设成效。[①]引文中提到的三个问题均对我们构建评价体系有重要的启示：评价方法可在借鉴的基础上，创新性地运用其他药学课堂的课程思政评价。评价中获取的整体满意度决定我们对课程思政建设成效的认可。

三是要在发现问题、解决问题的过程中完善评价体系。没有一个评价体系是万能的，不可能完全用于各专业大学生的课程思政实践。因而，在运用评价体系的过程中，发现其存在的问题并解决这些问题，其本身就是评价体系的完善过程。

① 刘燕莉，杨涓，刘涛．药学研究生“课程思政”设计及实施效果研究——基于“CPU大讲堂”个案分析［J］．药学教育，2019，35（06）:43-44.

第四节　评价结果的应用

评价结果只有得到了应用，教学评价的价值才能得到彰显。故而在此还要对这一问题进行简要的说明。

一、评价结果的单一性应用

在传统的教学中，评价似乎永远都是管理者的事情。其实不然，参与教学活动的每一个人都要对自己的教学效果、学习效果进行评价。特别是在大学生的课程思政实践中，更是如此。鉴于这样的事实，我们提出了“谁评价谁应用”的评价结果运用原则。即所谓的评价结果的单一性应用。

首先，作为课程思政的参与者，每一位大学生都要对自己的学习效果进行评价。专业课的知识是不是满足了自己的需求，课程教学中融入的思想政治教育思想是不是能够满足自己的学习需求，从而才能对自己下一步的学习作出科学的规划。而这就是个性化学习理念的参与课程思政实践的一个表现。服务意识的培养是民航专业大学生课程思政的一个重点内容。民航专业大学生的服务又可分成三部分：真情服务意识、技术服务意识、服务社会意识。[①]面对这样的学习需求，学生们若及时评价出自己的学习效

① 魏林红，雷晶晶，曹怀春.民航院校研究生“课程思政”建设内容及实现路径探索[J].中国民航飞行学院学报，2019，30(06):56-57.

果，那么他们以后的学习就会有所针对。或者说，针对性较强的学习，更能满足学生的学习需求。评价的目的是发现自己的需求，然后再依据这些需求去规划自己的学习。

其次，专业课教师也需要利用评价的结果去改善自己的教学质量和效果。学习者需要评价自己的学习效果，专业课教师更需要评价自己的教学效果，从而获取改革教学的信息。在协同理念的审视下，如何实现本科生与大学生教育中的课程思政的协同，几乎是每一名专业课教师都要在评价中获取的反馈信息。在这样的评价中，我们需要评价哪些具体的内容，或者说应该如何确定评价的对象呢？《本科与大学生阶段思政课课程衔接关系略论》的作者给出了这样的建议：注重课程衔接的科学性，保证教学内容的发展性；贯彻教学目标的一致性，体现教学效果的递进性；关注教学对象的特色性，强化教学目标的实践性。①引文的评价信息，对专业课教师而言是非常重要的。虽然这样的评价信息只是满足其思考如何实现本科与大学生教育中课程思政实践的衔接问题，但它却是每一名课程思政实践者都需要的育人信息。

最后，高校课程思政管理者的评价。高校课程思政的管理者负责本次课程思政的顶层设计，因而，他们需要在评价中获取本校课程思政的实践情况的全部信息。因而，他们的评价更侧重于宏观信息的反馈，他们依据这些反馈信息，要对本校的课程思政实践进行完善与改革提出管理性的意见。从而可以根据反馈信息改进课程思政的教学质量和教学效果，更好地把高校课程思政管理者的评价运用到课程思政教学之中。

二、评价结果的综合性应用

评价结果还可以综合性应用。无论评价的主体是高校课程思政的管理者，还是专业课教师、大学生，最终的评价结果都可能会被其他的参与者

---

① 王建光．本科与研究生阶段思政课课程衔接关系略论［J］．中国农业教育，2012（01）:81-84.

所利用。因为评价是一个复杂的过程，因而，对于评价所得到的结果，我们应尽可能地反馈给课程思政的其他参与者，只有这样，评价的功能才能得到淋漓尽致地发挥。

比如，刘燕莉、杨涓、刘涛在《药学研究生“课程思政”设计及实施效果研究——基于“CPU”大讲堂个案分析》一文中就指出，“这门课既能学习到药学前沿领域的科学知识，又能坚定理想信念，增强担当本领，更能学到很多为人处事的道理。”①引文是对“CPU大讲堂”课程思政实践进行评价后的文字表述。高校课程思政的管理者可以从中发现他们的顶层设计被实践证明是切实可行的；专业教师可以从中发现他们的课程思政实践已把思想政治教育融入了学科前沿的知识教学之中，且在坚定学生理想信念的同时使大学生们明确了为人处世的道理。对于学习者——大学生而言，他们明确了自己的学习方向。专业课的学习，不只是对前沿知识的掌握，还要在掌握知识的同时，学习为人处世的本领。然而，以上评价结果的应用仅是相对于开展“CPU大讲堂”的中国药科大学的管理者、专业课教师和本校的大学生而言的。对于其他高校的课程思政管理者，专业课教师以及相同专业的大学生而言，这样的评价结果同样也具有学习启示的作用。所以说，评价结果的综合性应用，不只是指评价结果对本校课程思政参与者的影响而言。

① 刘燕莉，杨涓，刘涛．药学研究生“课程思政”设计及实施效果研究——基于“CPU 大讲堂”个案分析［J］．药学教育，2019，35（06）:42.

主要参考文献

一、专著类文献

1. 习近平谈治国理政 . 第一卷［M］. 北京：外文出版社，2014.

2. 习近平谈治国理政 . 第二卷［M］. 北京：外文出版社，2017.

3. 十八大以来重要文献选编（上）［M］. 北京：中央文献出版社，2014.

4. 习近平 . 决胜全面建设小康社会夺取新时代中国特色社会主义伟大胜利——在中国共产党第十九次全国代表大会上的报告［M］. 北京：人民出版社，2017.

5. 十八大以来重要文献选编（中）［M］. 北京：中央文献出版社，2016.

6. 十八大以来重要文献选编（下）［M］. 北京：中央文献出版社，2018.

7. 十九大以来重要文献选编（上）［M］. 北京：中央文献出版社，2019.

8. 王英龙，曹茂永 . 课程思政——我们这样设计（人文社科类）［M］. 北京：清华大学出版社，2020.

9. 王英龙，曹茂永 . 课程思政——我们这样设计（理工类）［M］. 北京：清华大学出版社，2020.

10. 习近平总书记系列重要讲话读本［M］. 北京：学习出版社，2016.

11. 陈华栋等 . 课程思政：从理念到实践［M］. 上海：上海交通大学出版社，2020.06.

12. 思想政治教育学原理编写组 . 思想政治教育学原理［M］. 北京：高等

教育出版社，2018.

13. 中国大百科全书编委会 . 中国大百科全书·教育［M］. 北京：中国大百科全书出版社，1985.

14. 陈万柏，张耀灿 . 思想政治教育学原理（第三版）［M］. 北京：高等教育出版社，2015.

15. 高文兵 . 跨学科协同教育研究［M］. 北京：高等教育出版社，2015.

16. 薛娟 . 高校德育资源的现实样态与实践重构［M］. 北京：科学出版社，2016.

17. 白显良 . 隐性思想政治教育基本理论研究［M］. 北京：人民出版社，2013.

18. 欧内斯特·L. 博耶著 . 关于美国教育改革的演讲［M］. 涂艳国，方彤译 . 北京：教育科学出版社，2002.

19. 肖峰 . 论科学与人文的当代融通［M］. 南京：江苏人民出版社，2001.

20. 赵新峰 . 协同育人论［M］. 北京：人民出版社，2013.

21. 王明建，江涛 . 学校课程体系建设的理论与实践研究［M］. 北京：中国社会科学出版社，2017.

22. 普通高校思想政治理论课文献选编（1949–2008）［M］. 北京：中国人民大学出版社，2008.

23. 张炜 . 学术组织再造：大学跨学科学术组织的成长机制［M］. 杭州：浙江大学出版社，2012.

24. 马克思主义基本原理概论［M］. 北京：高等教育出版社，2018.

25. 教育部思想政治工作司 . 加强和改进大学生思想政治教育重要文献选编（1978–2014）［M］. 北京：知识产权出版社，2015.

26. 邱伟光，张耀灿 . 思想政治教育学原理［M］. 北京：高等教育出版社，1999.

二、期刊类文献

1. 张智 . 习近平关于思想政治教育工作的五个比喻析论［J］. 思想理论教育导刊，2017（5）.

2. 高德毅，宗爱东．从思政课程到课程思政：从战略高度构建高校思想政治教育课程体系［J］．中国高等教育，2017（01）．

3. 娄淑华，马超．新时代课程思政建设的焦点目标、难点问题及着力方向［J］．新疆师范大学学报（哲学社会科学版），2021（05）．

4. 王茜．“课程思政”融入大学生课程体系初探［J］．大学生教育研究，2019（04）．

5. 张永奇．新时代背景下大学生思想政治理论课的改革创新——基于显性教育和隐性教育相统一的课程共同体模式［J］．学位与大学生教育，2019（10）．

6. 郝晓美．高校大学生课程思政教学改革论［J］．学校党建与思想教育，2020（23）．

7. 段远鸿，吴佐文．国内大学生思政教育水平现状和提升路径研究［J］．教育学术月刊，2020（10）．

8. 刘俊香，郭旭芳，高川，张旭平，何仲．北京协和医学院思想政治理论课教学改革探究［J］．基础医学与临床，2020，40（06）．

9. 林泉伶．“课程思政”：新时代高校思想政治教育新途径研究［D］．南京邮电大学，2019.

10. 蔡小春，刘英翠，顾希垚，熊振华，倪霓．工科大学生培养中“课程思政”教学路径的探索与实践［J］．学位与大学生教育，2019（10）．

11. 赵艳波．论新时期大学生思想政治理论课的改革与发展［J］．思想政治教育研究，2014，30（02）．

12. 胡卫红．大学生思想政治理论课分教学指导委员会工作会议综述［J］．思想理论教育导刊，2012（06）．

13. 邱伟光．课程思政的价值意蕴与生成路径［J］．思想理论教育，2017（07）．

14. 陆道坤．课程思政推行中若干核心问题及解决思路——基于专业课程思政的探讨［J］．思想理论教育，2018（03）．

15. 何红娟．“思政课程”到“课程思政”发展的内在逻辑及建构策略［J］．思想政治教育研究，2017，33（05）．

16. 朱梦洁．“课程思政”的探索与实践——以专业课为视角［D］．上海外国语大学，2018.

17. 邱仁富．“课程思政”与“思政课程”同向同行的理论阐释［J］．思想教育研究，2018（04）．

18. 王学俭，石岩．新时代课程思政的内涵、特点、难点及应对策略［J］．新疆师范大学学报（哲学社会科学版），2020，41（02）．

19. 罗娇．大学生导师在课程思政工作体系中的作用探析［J］．教育现代化，2019，6（11）．

20. 魏林红，雷晶晶，曹怀春．民航院校大学生“课程思政”建设内容及实现路径探索［J］．中国民航飞行学院学报，2019，30（06）．

21. 冯国涛，贺婷，陈慧．关于学术规范与大学生论文写作指导课程思政融入探索［J］．皮革科学与工程，2021，31（01）．

附　录

一、调查表

——大学生课程思政评价指标的权重调查表

1. 访谈背景

大学生的课程思政早已是既成的教学事实。如何评价这一教学实践的效果，事关我们后续大学生课程思政的完善与发展。为了制定科学的评价标准，确定各项评价指标所占的权重，特制定本次访谈提纲。希望各位参与本次调查的领导、老师、学生们仔细阅读各项调查内容，慎重打分，把您内心真实的想法反馈给我们。

诚心地感谢各位领导、老师和同学们能够在百忙之中参与本次调研活动。

2. 访谈对象

高校课程思政的管理者、专业课教师、思想理论课教师以及各专业的部分大学生们。

3. 访谈的方式

线上与线下结合。

4. 评价指标调查表及填表说明

填表说明：本次设计的测评指标体系由 4 个一级指标、10 个二级指标及 16 个三级指标构成。参与调研的人员依据由特别不满意到非常满意为其赋分，与其对应，分别依次赋予 1–5 分。所赋之分要充分体现个性化学习的思想与协同学理论指导下的大学生课程思政实践以及实践创新的理念。

大学生课程思政评价指标体系

一级指标A	赋分	二级指标B	赋分	三级指标C	赋分
课程思政团队构建 A_1		思政能力与专业素养的协同 B_1		正确的政治方向、丰富的政治理论知识、过硬的专业知识 C_1	
		师德培养与师风构建的协同 B_2		爱岗敬业、敬业爱生、有较强的育人责任感 C_2	
		团队成员协同 B_3		管理者、专业课教师、思想政治理论课教师、协同课程思政 C_3	
思政实践管理 A_2		教学质量 B_4		思政调查问卷与考试成绩结合反馈教学效果 C_4	
				公开课、科研论文反馈与院系领导评价、督导评价整合反馈教学效果 C_5	
		课程思政的个性化课堂教学实践 B_5		整合教育信息技术，充分挖掘利用专业课的思政资源。线上与线下教学同步 C_6	
				古今中外案例协同，师生互动性强 C_7	
				思想政治教育满足学生的个性化需求 C_8	
				思想政治教育符合教育方针且能满足学生新的学习方式 C_9	
		专业课与思想政治教育的协同 B_6		挖掘、开发专业课的思政资源并融入思想政治教育内容 C_{10}	
				彰显政治立场，突出教育的科学性，强化思政教育的指导性 C_{11}	
教学效果的协同性评价 A_3		学生评价 B_7		学生反馈较好，学有所获，修养提升 C_{12}	
		学术性评价 B_8		获取院系、学校及同仁、学术界的好评 C_{13}	
教改与经验协同 A_4		持续化的教学改革 B_9		协同他人的课程思政实践，借鉴他人的经验并创新式运用自己的教学实践 C_{14}	
				总结、分享自己的课程思政经验，有意识地构建课程思政的新资源 C_{15}	
		教学研讨、经验交流 B_{10}		在交流与研讨中，构建适合本学科且能够彰显自己教学艺术的思政方法体系 C_{16}	

二、访谈提纲1（高校课程思政管理者）

——个性化学习与课程思政协同创新实践

1. 访谈背景

个性化学习理论参与大学生的课程思政实践早已成了一种育人事实且取得了令人满意的育人效果。作为大学生课程思政的管理者，他担负着课程思政实践的顶层设计。能否应用个性化学习理论解决大学生课程思政实践中所遇到的诸多问题，创新课程思政的实践途径，强化育人效果，这是个性化学习理论参与课程思政的价值。为了深入探讨个性化学习理论参与大学生课程思政的相关问题，分析协同学习理论指导下的课程思政实践，在此希望您能把自己切身体会与见解提供给我们并衷心地感谢您对我们的研究提供的无私帮助与支持！

2. 访谈对象

高校课程思政的管理者们。

3. 访谈方式

线上与线下结合。

4. 访谈内容

1）有关个性化学习理论的调研

（1）请您从管理者的角度，说一说大学生个性化学习的表现。其中包括学习内容的选择、学习方式的选择、学习效果的差异等。

（2）您会把个性化学习理论与课程思政设计进行协同吗？若能协同，请谈一谈您具体的管理措施或者是课程思政的具体设计方案？若不能，请谈一谈您目前课程思政设计的具体理论。

（3）在课程思政的顶层设计中，您的哪些具体措施能够满足学生什么样的学习需求？

（4）您了解学生都有哪些需求吗？学习上的、品德修养上的、专业课学习中的以及思想政治理论上的？

（5）专业课教师是课程思政的实施者，也是课程思政的学习者，您同意这个观点吗？若同意这个观点，您了解专业课教师这一课程思政的“学习者”都有哪些学习需求吗？

2）有关协同理论的调研

（1）大学生的课程思政设计中，您认为需要不同的理论协同指导吗？若需要，请您列举一例。

（2）在这些理论的协同指导下，大学生的课程思政设计应该关注哪些问题？

（3）在课程思政团队构建中，您认为需要专业课教师与思想政治理论课老师的协同吗？

（4）在课程思政实践中，您认为需要哪些育人资源的协同？

（5）您认为课程思政的实践中，学段协同、专业协同、高校协同有必要吗？请说明理由。

5. 总结

（1）您认为个性化学习理论与课程思政协同的关键是什么？

（2）个性化学习理论与课程思政的理论协同，能创新课程思政的实践吗？

三、访谈提纲 2（专业课教师）

——个性化学习与课程思政协同创新实践

1. 访谈背景

专业课教师是大学生课程思政实践的具体设计者与实施者。他们是否应用个性化学习理论，在教学资源的协同中解决课程思政实践中所遇到的问题，直接关系到专业课中育人效果的提升、育人途径的完善。为了明确这一点，我们结合个性化学习理念的精髓与协同学习原理的核心内涵，设计了如下的访谈提纲，希望参与调查的每一位专业课教师都能把自己的切身体会反馈给我们。在此诚心地感谢每一位参与调查的专业课老师！

2. 访谈对象

专业课教师。

3. 访谈方式

线上与线下结合。

4. 访谈内容

（1）您是否依据个性化学习理论的要求，分析过学生的个性化学习需求？如果分析过，您的具体操作是什么样的？依据这样的操作，您发现学生的学习需求可以分为几类？您又是通过什么样的方式来满足学生这些需求的？

如果您没有运用个性化学习理念分析过学生的学习需求，那么您未来是否想要进行这样的课程思政实践设计呢？

（2）学生是否在课堂上，或在课间向您诉说过自己的学习需求？如果有，他们最大的需求是什么呢？

（3）您在课程思政的设计与实施中，是否想到过协同学习的理论？

（4）您认为如何提升课程思政的育人效果，我们需要在哪些教育教学理论的协同中来解决课程思政实践中遇到的问题？

（5）在您的课程思政教学设计中，您是否想到教学资源开发的问题？如果有，您认为如何开发这些亟需的教学资源？

四、访谈提纲3（大学生）

——个性化学习与课程思政协同创新实践

1. 访谈背景

课程思政是大学生们必须面对的学习方式。通过它，不仅可以提升自己的专业技能，还能提升自己的品德修养。然而，这一切都是以“满足自己的学习需求”来完成的。在这一过程中，能否知晓自己的学习需求，事关教学内容的选择、学习方式的创新、学习效果的评价等。因而，在此依据个性化学习理论和协同学习理论的知识，设计了如下的访谈内容，希望参与本次访谈的大学生们能够把自己切身的学习体会反馈给我们。

在此，诚挚地感谢每一位参与访谈的大学生。

2. 访谈对象

校内外各专业的大学生。

3. 访谈方式

线上与线下结合。

4. 访谈提纲

（1）您是否分析过自己的学习需求？如果分析过，请告知您的学习需求。

（2）您认为现在的课程思政教学能否满足您的需求。如果能，请具体说一说是如何满足的。如果不能，请您列举不能满足的需求都有哪些。

（3）在学习的过程中，为了满足自己的学习需求，您都利用过哪些学习资源，选择过哪些学习方式？在这些学习资源与学习方式中，您认为对自己学习影响最大的是哪一种？

（4）您希望教师在教学中，利用什么样的教学方式来满足自己的哪些学习需求？

（5）您的学习需求与本专业的同学是否一致？如果一致，您觉得在其他同学满足自己需求的过程中，有哪些值得借鉴的地方？如果不一致，您认为自己应该如何创新自己的学习方式来满足自己的学习需求？